马克思主义简明读本

依 法 治 国

丛书主编：韩喜平
本书著者：朱翠微

编 委 会：韩喜平　邵彦敏　吴宏政
　　　　　王为全　罗克全　张中国
　　　　　王 颖　石 英　里光年

吉林出版集团股份有限公司

图书在版编目（CIP）数据

依法治国 / 朱翠微著. -- 长春：吉林出版集团股份有限公司，2014.4
（2019.2重印）
（马克思主义简明读本）
ISBN 978-7-5534-2621-1

Ⅰ. ①依… Ⅱ. ①朱… Ⅲ. ①社会主义法制—建设—研究—中国 Ⅳ. ①D920.0

中国版本图书馆CIP数据核字（2013）第174278号

依法治国
YI FA ZHI GUO

丛书主编：韩喜平
本书著者：朱翠微
项目策划：周海英　耿　宏
项目负责：周海英　耿　宏　宫志伟
责任编辑：陈　曲　杨　鲁
出　　版：吉林出版集团股份有限公司
发　　行：吉林出版集团社科图书有限公司
电　　话：0431-86012746
印　　刷：北京一鑫印务有限责任公司
开　　本：710mm×960mm　1/16
字　　数：100千字
印　　张：12
版　　次：2014年4月第1版
印　　次：2019年2月第3次印刷
书　　号：ISBN 978-7-5534-2621-1
定　　价：29.70元

如发现印装质量问题，影响阅读，请与出版方联系调换。0431-86012746

序　言

习近平总书记指出，青年最富有朝气、最富有梦想，青年兴则国家兴，青年强则国家强。青年是民族的未来，"中国梦"是我们的，更是青年一代的，实现中华民族伟大复兴的"中国梦"需要依靠广大青年的不断努力。

要提高青年人的理论素养。理论是科学化、系统化、观念化的复杂知识体系，也是认识问题、分析问题、解决问题的思想方法和工作方法。青年正处于世界观、方法论形成的关键时期，特别是在知识爆炸、文化快餐消费盛行的今天，如果能够静下心来学习一点理论知识，对于提高他们分析问题、辨别是非的能力有着很大的帮助。

要提高青年人的政治理论素养。青年是祖国的未来，是社会主义的建设者和接班人。党的十八大报告指出，回首近代以来中国波澜壮阔的历史，展望中华民族充满希望的未来，我们得出一个坚定的结论——实现中华民族伟大复兴，必须坚定不移地走中国特色社会主义道路。要建立青年人对中国特色社会主义的道路自信、理论自信、制度自信，就必须要对他们进行马克思主义理论教育，特别是中国特色社会主义理论体系教育。

要提高青年人的创新能力。创新是推动民族进步和社会发展的不竭动力，培养青年人的创新能力是全社会的重要职责。但创新从来都是继承与发展的统一，它需要知识的积淀，需要理论素养的提升。马克思主义理论是人类社会最为重大的理论创新，系统地学习马克思主义理论有助于青年人创新能力的提升。

要培养青年人的远大志向。"一个民族只有拥有那些关注天空的人，这个民族才有希望。如果一个民族只是关心眼下脚下的事情，这个民族是没有未来的。"马克思主义是关注人类自由与解放的理论，是胸怀世界、关注人类的理论，青年人志存高远，奋发有为，应该学会用马克思主义理论武装自己，胸怀世界，关注人类。

正是基于以上几点考虑，我们编写了这套《马克思主义简明读本》系列丛书，以便更全面地展示马克思主义理论基础知识。希望青年朋友们通过学习，能够切实收到成效。

韩喜平
2013年8月

目 录

引 言 / 001

第一章　什么是依法治国 / 003

第一节　依法治国释义 / 003
第二节　依法治国内涵 / 025

第二章　依法治国的思想起源 / 059

第一节　古希腊法治思想 / 059
第二节　古罗马法治思想 / 064
第三节　西欧中世纪法治思想 / 070
第四节　近代法治思想 / 073
第五节　现代西方法治思想 / 079

第三章　中国共产党依法治国思想的历史演进 / 084

第一节　马克思列宁主义法律理论的宝贵遗产 / 084
第二节　毛泽东人民民主专政理论 / 088

第三节　邓小平民主与法制思想 / 091
第四节　三个代表重要思想与依法治国 / 095
第五节　"科学发展观"与依法治国 / 097
第六节　依法治国思想演进的脉络 / 100

第四章　实施依法治国的内在依据 / 107

第一节　法治与秩序 / 108
第二节　法治与自由 / 113
第三节　法治与民主 / 122
第四节　法治与公正 / 135
第五节　法治与人权 / 153

第五章　依法治国方略形成与发展的历史进程 / 159

第一节　艰难探索阶段 / 160
第二节　拨乱反正阶段 / 162
第三节　确立和发展阶段 / 165
第三节　正式提出和继续发展 / 170
第四节　我国依法治国方略的成就与展望 / 172

参考文献 / 182

引 言

在人类历史上，为了实现社会生活的规范和有序，不同的社会曾经采取过不同的治理方式。从总体上看，可以归结为两类：一类叫人治，历史上的德治、礼治也包含其中；另一类就是法治。自人类进入现代社会以来，尽管各国的经济、政治、文化存在各种重大差异，却相继步入了法治的轨道。中国也不例外，中国共产党第十五次全国代表大会明确提出了"依法治国，建设社会主义法治国家"的宏伟任务，1999年3月中华人民共和国第九次全国人民代表大会第二次全体会议将其写进了宪法，标志着中国从此走上了全面建设法治国家的道路。

任何对法治理论的探讨，首先都得从法治的含义开始。法治是在何种意义上使用的？是一种治国方略或者社会的调控方式？还是一种行为方式？抑或是一种秩序状态？

法治不仅仅是一种治国方略，一个完整的法治概念，同现代文明制度密不可分，且包含着深刻的内涵。法治有可能带给我们的美好价值，包括法治给我们带来的基础价值——秩序；重要价值——自由、民主；核心价值——公正、人权。这些美好的价值是人类共同的追求，在人类发展史上，许多先贤进行过广泛的讨论和探索。

从实践层面，中国探索依法治国的艰难历程告诉我们，依法治国方略的确立经过了几代中国人不懈的努力。我国走向法治国家的道路不可逆转。但同时，我们也必须看到，我们面临着非常艰巨的历史任务，在把法治作为一个目标的同时，我们必须大力建设能实现这一目标的环境和基础，包括制度环境和人文。在一个短暂的时间里努力实现西方国家经过几百年才实现的目标，这是一个任重而道远的历史使命。

第一章　什么是依法治国

第一节　依法治国释义

　　中国共产党第十五次全国代表大会明确提出了"依法治国，建设社会主义法治国家"的宏伟任务，1999年3月中华人民共和国第九次全国人民代表大会第二次全体会议将其写进了宪法，标志着中国从此走上了全面建设法治国家的道路。那么，什么是"法治"？什么是"法治国家"？什么是"依法治国"呢？这些问题仍然是困扰当代思想家的难点，以至直到今天，法治仍被看成是"一个无比重要，但未被定义，也不能随便就能定义的概念"。

　　法治是人类的一项历史成就，古希腊著名哲学家亚里士多德在他的著作《政治学》里曾经说过，"若要求由法律来统治，即是说要求由神祇和理智来统治；若要求由一个个人来统治，便无异于引狼入室。因为人类的情欲如同野兽，虽至圣大贤也会让强烈的情感引入歧途。唯有法律拥有理智而免除情欲"。

法治这一概念有各种不同的表达方式，在中文有"法治主义"、"依法治国"、"法治天下"等，在外文里有"法的统治"、"以法统治"、"依法治理"、"通过法律的治理"等。

通观各种解释或者定义，我们可以看出"法治"或者说"依法治国"在以下几种意义上被广泛使用：

一、一种治国方略或者社会的调控方式

中文"法治"这个词最早出现在先秦诸子的文献里。《管子·明法》中就讲"以法治国，则举措而已"，意思是说，统治者治理国家，不必要把自己的权威建立在更多的基础之上，只要以法治国，就会像人们举手抬足那样，轻而易举就把国家治理好了。

《韩非子·心度》中有"治民无常，唯以法治"的说法。意思是说，管理民众没有固定不变的方法，只有依靠法律才能治理好。这些思想与西方思想里的"法的统治"、

"以法统治"、"依法治理"、"通过法律的治理"等说法有其共同之处，都是把法治作为一种治国方略或社会调控方式。但若要全面而清晰地理解"法治"，我们还必须对如下几对概念做出界定和区分：

（一）法治与人治

法治是与人治对立的治国方略。法治与人治的根本区别在于，当法律与当权者的意志发生冲突时，前者要求法律高于个人意志，后者则要求法律从属于个人意志。

人治与法治相对，是指依靠统治者个人的意志治理国家的治国方式和理论。人治是一种倾向于专制、独断的治国方法，人治意味着掌权者个人"言出法随"，可以一言立法或一言废法。在人治的国家里，也有法制，也存在着法律，但法制完全处于从属的地位，法律既没有稳定性，也没有权威性。它的本质特点是个人具有最高权威。统治者具有超越法律之上的特权，统治者可以不受法律约束，也可以根据个人的意愿或者偏好随意制定、修改或废止法律。

从奴隶社会到封建社会，基本上都是实行人治。"人治"中的"人"并不是指民众意义上的"人"，而是拥有国家权力的"人"。人治实际上是没有法律约束的"权治"。

谁拥有国家权力或者公共权力，谁就主宰国家和民众。在人治国家中一切人都只服从于拥有权力的人，服从于拥有权力的人的意志。人治的主要形式有君主专制、军阀专制、个人独裁。

但是必须指出的是，我们需要以一种冷静的心态来思考法治和人治的关系，认真对待人治。正如著名法学家苏力所说："法治是同人治并列的两种基本的治国方法。应该说这两种方法没有特别明显的高下优劣之分，只有这样，法治相对于人治的优点才值得追求。"[1]苏力学者提出一个假定："人治和法治的目的基本是一致的，即使是人治事实上导致了社会动荡不安，这也并不意味着，人治论者希望将国家搞乱，或者是一定想将其老百姓置于死地。也只有在此基础上作出的分析，才能展现法治或人治相对于对方的优越性。倘若我们现在因为推行法治而一味地否定人治，就无法解释为什么人类社会在出现过法治之后又会出现人治？如果仅仅将这种历史的变迁归结为理论或判断的失误，或者归结为个别野心家的篡权，这将会导致唯心主义历史观，并且会对法治必定使国家长治久安的说法提出挑战。因此，如果人治在历

---

[1] 苏力：《认真对待人治》，《华东政法学院学报》，1998年创刊号。

史上确实是一种长期存在的制度或方法,那么必定有其存在的合理性;而这一点的另一面也就意味着法治也会有其自身难以克服的弱点或缺陷。"①

古今中外的历史实践证明,迄今为止的人才选拔制度都无法达到这个目标。中国古代的科举制度、现代的公务员考试制度、官员选聘制度等,都无法保证所选出来的人就一定具备智慧和道德两方面的优势。我们可以再退一步说即使有这样的人,我们也有某种方式把这种人选拔出来,但如何能使这样的人一直保持本色不变?英国阿克顿勋爵有句名言:"权力导致腐败,绝对的权力绝对地导致腐败。"权力的特性和水的特性一样,具有自我扩张性,只有扩展到自身的极限或者遇到阻碍才能停止。因此,我们只有对权力加以必要的约束才能有效防止权力的扩张。正如美国总统小布什的竞选演说里说的那样:"人类千万年的历史,最为珍贵的不是令人炫目的科技,不是浩瀚的大师们的经典著作,不是政客们天花乱坠的演讲,而是实现了对统治者的驯服,实现了把他们关在笼子里的梦想!因为只有驯服了他们,把他们关起来,才不会害人;我现在就是站在笼子里向你们讲话。"

---

① 苏力:《认真对待人治》,《华东政法学院学报》1998年创刊号。

同样面对上面的两个问题，法治论者既怀疑有全知全能的圣人，也怀疑有可以验证的发现圣人的方法和程序。但同时，也正是基于这两个怀疑，他们认为法治是更适当的治国方法。

按照马克思主义的理论，无产阶级必须吸收人类有史以来的全部优秀成果，才能建成共产主义。资本主义同样是人类历史发展中的一个环节、一个阶段。马克思和恩格斯曾经在《共产党宣言》中这样写道："资产阶级在它不到一百年的阶级统治中创造的生产力，比过去一切时代所创造的全部生产力的总和还要多，还要大。"无产阶级要摧毁的是旧的制度，但不是要摧毁人类有史以来的文明成果。对于资本主义管理国家和社会，推行民主和法治的经验，还要进行批判性地吸收和借鉴，去其糟粕，取其精华，使得社会主义的民主和法治具有人类历史上最优秀的品质，为共产主义理想而不断努力。

（二）法治与法制

其实，我们在日常生活中也经常见到"法制"这个词语，比如邓小平曾提出的"要加强社会主义法制建设"、"要两手抓，两手都要硬，一手抓民主，一手抓法制"，等等。"法制"与"法治"是两个容易混淆,且在实践中易被人们通用的概念。

"法制"一词在我国最早见于《礼记》之中:"命有司,修法制,缮囹圄,具桎梏,禁止奸,惧罪邪。"意思是在这个月,命令主管官吏加强禁令,修缮牢狱,准备刑具,禁止奸邪之事,警戒有罪邪恶之人,务必捉拿拘捕他们。这里"法制"的含义仅仅指刑律。思想家和法学家从不同的角度对"法制"一词作过多种解释,归纳起来大致有以下四种:第一,具体的法律规定;第二,静态意义上的法律和制度;第三,动态意义上的法律,即立法、执法、守法、司法和法律监督等各环节构成的一个系统;第四,宏观意义上的法,即与法有关的一切范畴。

我们认为"法制"就是法律制度的简称,与"法治"概念完全不同,但它们之间又有密切联系。这可以从以下几个方面来加以分析和说明。

首先,内涵不同。法制是法律制度的简称,其中"制"是指制度。现代汉语中法制的基本词义是指法律制度。在西方理论中,其英文可汉译为"法律制度"、"法律体制"或"法律系统"。可以说有国家的时候,就有可能有法制,它能建立在任何经济基础之上，体现和维护各种经济制度、政治体系及思想文化。无论任何类型的国家，都有其特定的法制，一切确立了法律制度的国家，当然都可以被称为"法制国家"。

与此相对，法治一般可以理解为"法律的统治"，通常是指具有最高权威和普遍效力的宪法、法律在国家及社会生活中有效运行的状态、方式、程序和原则。其中"治"的词义为统治或治理。中国古代曾有"昔者先君桓公之地狭于今，修法治，广政教，以霸诸侯"之说，这是《晏子春秋·谏上》里晏子对景公说的一句话，意思是"从前我们的先君齐桓公的领土比现在狭小，他整顿法纪，推广政教，因而称霸诸侯"。春秋战国时法家亦主张"以法治国"为主要内容的"法治"。但该"法治"与"法制"同义，跟现代社会说的法治是大不相同的。

其次，基础不同。在英文中，法治译为"法律的统治"或"受法律支配"。法治只能以商品经济、民主政治和理性思想文化为基础，也就是说，只有实行市场经济、奉行民主政治的国家，才会真正确立和推行法治。于是，西方的法治观念甚至在古希腊时期就产生了，亚里士多德就曾全面论证过"法治应当优于一人之治"的思想。在中国，通常认为"法治"的主张是在春秋的时候开始酝酿，然后在战国时期形成和发展的，因为当时曾有儒法两家关于"人治"与"法治"的争论。但由于儒法两家都竭力维护皇权至上，其主张实质上都是人治，它的内涵与现代社会的法治可谓大相径庭。法家的主张只能被称作"法制下的人治"。显而易见，我国所要推进和实行的法治，绝非中国古代法家倡导的"法治"，也根本不同于西方资本主义国家的法治，而必须是真正体现人民利益的宪法和法律至高无上、统辖一切的社会主义法治。

再次，作用的范围和关注点不同。法制包容的范围主要是法律制度本身，也就是静态的法律规范及其形成与完善的方式、途径和过程。它所关注的领域一般仅限于制度化的法律和法律的制度化，关注点在于法律的形式是否规范，内容是否完整、充实、严密，重要的社会关系是否纳入了法律的调整范围等。这些对保障社会稳定和发展固然必不可少，但仅仅如此就难免步入就事论事、纸上谈兵、脱离实际的境地。立法者往往比较纠结的是法律已经足够多，但为什么在实际生活中还是没见到成效；而与此同时，执法者却总是抱怨法律的数量不足、条文规定过于原则而缺乏可操作性。

与此相对，法治则包括从法律的形成到其规定在国家和社会生活中得到不折不扣地施行的各个环节及其全部运行状态、方式、程序和原则。具体而言，它包括立法、执法、司法、守法及相应的监督、制约和法律教育、法律服务、法学研究等诸多方面，从而涉及到对国家和社会各个方面、各种活动的客观状况的实际管辖、控制和支配。因此，推行法治是一项十分艰巨复杂的社会系统工程，既不能忽视历史和传统，又必须着眼于社会的经济基础、上层建筑和国民素质。对法治的认识决不能以偏概全，其推进更不可掉以轻心。

再次，与人治的关系不同。法制不排斥人治，换句话说，人治之下也可以有法制，但绝无法治的可能。也就是说，法制这种状态既可以出现在人治社会中，也可以出现在法治社会中。在人治社会里的法制，法律就是一种工具，是君主统治民众的工具。

而在法治社会里，法制是法治的外在形式要件。与此相反，法治是与人治根本对立的，是对人治的彻底否定。这种对立集中为对一个问题的回答：治理国家和社会的最高主宰究竟是国家领导人，还是宪法和法律？也就是说，在国家和社会生活中到底是权大于法，还是法大于权？"人治论"认为，国家长治久安的关键在于是否有贤明的国家领导人，主张或默认某个人（或组织）的权威高于宪法和法律，肯定权大于法；"法治论"则强调，国家的长期稳定和繁荣，主要应当依靠体现多数人利益和意志的、具有至高无上权威和普遍约束力的宪法和法律，它毫不动摇地坚持法大于权，同时又不否认国家领导人的权威和作用，但要求国家领导人必须依法行使一切权力。

最后，评判标准不同。实行法制的主要标志，是一个国家从立法、执法、司法、守法到法律监督等各方面都有比较完备的法律和制度；而这些法律和制度也在生活中得到了良好的执行。与此相对，是否实现了法治是要看已经制定的现行法律能否覆盖国家和社会生活的各个方面，即在国家和社会生活的多大范围、多少领域做到了有法可依。相对来讲，法制是一个较为容易达到的目标，可以说，人类社会迄今为止，能够称得上法制社会的有不少，比如希特勒时期的德国、中国古代的秦王朝。但显然，这种法制社会并不值得追求，其只有法治之形，而无法治之实。可以说法制是形式，而法治才是实质。

法制关注的是法律本身。它的特点是通过设置一套专业化的规则体系和实施机制，把权力限制在一定范围内，依赖程序，强调严格的"形式和理性"，即"法律只有建立在自身内部逻辑过程的基础上，而不是基于通过行为的判断或规则的经济活动规定适当而又明确的原则"。因此，法制又可称其为形式法治。形式法治突出法治的工具性意义、重视法治的形式性要件，注重形式上的平等。

什么是实质法治？实质法治是在形式法治的基础上发展起来的，是对形式法治的一种发展、批判和补充。实质的法治强调法的统治，突出法的目的性价值，主张政府和民众都要守法，注重法的本身的合法性问题，关注社会正义和对人权的尊重。具体说来，实质的法治强调以下三点：其一，法的合理性。不仅仅希望法在形式上具有明确性、统一性、普遍性，还要求法律必须体现出公平、正义、自由和保护人权等方面的需求。真正的法治是形式上的法治和实质的法治相统一。其二，法的平等性。不仅追求法的形式平等，也追求法的实质平等，也就是说，既要考虑到每个人应受到同等对待，还要考虑到其各自的特殊性，实行区别对待，达到真正意义上的平等。其三，法的公平性。不仅注重形式上是否公平，还要注重实质上是否公平。

通过以上的论述，可以清晰地看到"法制"和"法治"，这两者都强调依法而治，但其也具有各自的特点。法制更多强调法的规则性，法治则更多地强调法的本质是对正义的实现。法治其实是对法制在一定程度上的补充和完善，克服了其只注重形式的缺陷。

当然，法治与法制虽然存在区别，但二者并非在任何情况下都是对立的，关键要看特定法制与民主政治的实质关系如何：与民主政治紧密相连的法制是实行法治不可缺少的因素，背离民主政治的法制必然阻碍法治的形成和发展。值得注意的是，邓小平在其文选当中，总是把民主和法制联系起来论述，一贯强调"发扬社会主义民主，健全社会主义法制，两方面是统一的"；"中国的民主是社会主义民主，是同社会主义法制相辅相成的"。这实际上是精准恰当地阐述了法治的主张。

（三）以法治国与依法治国

"以法治国"不仅不是"依法治国"，而且是与"依法治国"根本对立的，如果我们不理清认识，完全有可能在思想上形成与"依法治国，建设社会主义法治国家"基本要求根本对立的意识，由此采取的自以为正确的措施很可能产生与我们的期待截然相反的结果。显然，在理论上、思想上澄清"依法治国"与"以法治国"，正确地认识和理解"依法治国"和"法治"，在实践中积极清除"以法治国"的错误做法，对于实施"依法治国，建设社会主义法治国家"这一治国方略无疑是极为重要的。

一般地说，"依法治国"意为依照法律治理国家。许多人也常使用"以法治国"，它与依法治国仅一字之差，似乎基本同义，但其实二者无论在理论上抑或实践中，都存在着不容混淆的根本差别。学者史浩林在他的论文《依法治国与以法治国、法治与法制论异》中辨析了二者的不同：

首先，从源流上看，依法治国的思想在西方始现于古希腊时期，而以法治国的主张在中国最早产生于春秋战国时期，当时的古籍中有"威不两错，政不二门，以法治国，则举错而已"的论述，这句话出自《管子·明法》。这句话的意思是：君权不能由两家占有，政令不能由两家制定。也就是说，以法治国不过是一切都按法度来处理而已。实际上，在中国封建社会数千年的发展中，尽管"以法治国"曾被一些皇帝采纳为推行集权专制的一种统治术，并发布了诸多法律、法令，但因其基本出发点是维护皇权，而王朝更迭后的国君，又都要拥有君临天下的绝对权威。因此，"以法治国"在中国的封建社会从来没有、也不可能成为长期稳定的治国策略。

其次，从"谁依法"和"治谁"的问题来看，以法治国和依法治国是有着显著区别的。

依法治国的最高主体实际上应当是人民，客体应当是国家的当权者和国家事务。它强调国家的一切权力都来自人民、属于人民，当权者所执掌的国家权力须由法律赋予；国家的一切权力必须依据体现人民意愿的法律来行使，并且只能被用于维护人民的法定权利与自由。其中"依"的确切含义应当是依据、依照和依从的意思，而不是依仗或依靠；"国"首先应当是国家的当权者。依法治国是要求由人民选举产生、受人民委托的当权者严格依照体现人民意愿、符合社会发展规律的宪法和法律来治理国家和管理社会，强调国家的各项权力都必须依法行使，各项工作都必须依法进行，决不允许任何人违反宪法和法律。

反观"以法治国"则恰好相反，它指望当权者用法律来统治社会、约束民众，而不能用法律限制、更不能制裁当权者。它首先肯定并保障当权者的地位不可动摇、权威不容侵犯，而根本否认这种权力来源于人民；它主张作为当权者的国君和国家官员用法律来统治国家、控制社会、管理民众，而不关心法律本身是否体现人民的意愿及其是否被用于维护人民的利益。其中，"以"的含义是"用"或"拿"，"国"主要是指国民及国君主宰的国家。

在以法治国之中，法律只不过是当权者治理国家的一种工具。"法律工具主义是古已有之的一种政府哲学，它从不把法律当作最高权威来尊重，而只是把法律当作有用的工具来重视，而且重视的程度又完全取决于法律对政府目的的实现有没有帮助。这样一来，政府的行为是否要遵循法律的标准，就可以随意更改，一旦政府的现实目标与既定的法律规则发生冲突，或个案中政府所理解的实体正义与程序正义发生冲突，规则和程序就可能都被牺牲掉。这种法律工具主义与人治传统是互为表里的，它们都强调法律必须为实现政府当下的目的服务，如果法律妨碍了政府当下目的的实现，就必须由治国者动用其广泛的自由裁量权力来采用一种特殊的判断标准取代法律的标准。"[1]

---

[1] 郑成良、董进宇、霍存福：《论依法治国之法理要义》，《吉林大学社会科学学报》1996年第4期。

法律的确具有工具性，不过，现代法律的工具价值并不在于它可以随时服务于政府的当下目的，而在于它是具有形式合理性的普遍化标准，可以保证实质合理性在总量上获得最大限度的实现。"在依法治国的前提下，法律不仅不会时时迁就政府的各种即时性意向，反而会构成一种强有力的限制。在这里，法律并不是政府'办事的参考'，而是一种超越于任何当事人之上的普遍化的游戏规则。因此，切实地实行依法治国，不仅意味着治国者和受治者一样要站在法律之下去思考和行动，而且，它还要求全体治国者必须学会并习惯于按照法律所给定的形式来观察问题、提出问题、思考问题和解决问题。"[1]这种方式也许在某种程度上会降低政府行为的灵活性和自由度，也难以避免牺牲掉某些个案中的实体正义。但是，要以法治取代人治，就必须付出此种代价，因为不这样的话，我们会有更多的实体正义被牺牲掉。

再次，依法治国要求促成和保障法律作为治理国家、管理社会的非人格化的最高权威，使法律在国家和社会生活中具有至高无上的地位和全国上下必须一体遵行的普遍约束

---

[1] 郑成良、董进宇、霍存福：《论依法治国之法理要义》，《吉林大学社会科学学报》1996年第4期。

力，保持社会的长期稳定。在依法治国中，法律的基本功能在于平等地、毫无例外地保护和约束全社会的每一个成员，任何违法行为都要受到追究和制裁。

以法治国则是在充分肯定国家和社会最高权威人格化的前提下，将法律视为当权者统治国家、社会及民众的工具和手段，受法律约束、管制的对象主要是平民百姓，而不是当权者。法律的基本作用在于维护和强化当权者所执掌的国家权力，严格保障国君的神圣权威和当权者的统治地位。即使在法律的工具性层面，法律的首要性质也不能被界定为政府的工具。正如郑成良教授所言，"在民主政治中，法律不是'王法'，而是'约法'。'王法'是'王之法'，是政府的命令和决定；而'约法'则是社会通过民意代表机关所达成的约定，它具有社会公约的属性。社会之所以需要政府并选择一些人组成政府，乃是为了执行和守护体现公意的社会公约，因此，政府首先是法律的工具，是经由法律的批准而产生并为实施法律而效力的工具。同时，法律本身也可以是一种工具，但它首先是社会的工具，是社会规范和控制政府行为的工具，只有在上述既定前提之下，才能在第二位的意义上把法律看作政府的工具"。

"社会创制法律来引导政府，以此为基础，政府依照和运用法律来治理社会，这才是民主国家和法治国家的内在机理。为了切实实行依法治国，在政府和公众的观念中，必须彻底根除法律工具主义对法律性质的界定。这种界定完全忽略了法律的超工具性价值，崇尚法律的信念便因此而难以确立；这种界定把法律仅仅视为政府的工具，法律在政府面前便不能不处于一种完全被动的地位；这种界定使法律处处迁就政府当下的行动计划，法律的形式合理性价值便无从实现。法律工具主义的这三大弊端误导了人们对法律的理解，若不走出这些观念上的误区，人治传统就会继续表现出其顽强的生命力。"[1]

需要指出的是，从依法治国的角度看问题，把法律视为工具或手段的观点在理论上是错误的，在实践中也是十分有害的：这种论调既大大降低了法律的地位，根本不利于树立法律的最高权威，又无从避免当权者滥用国家权力，还会严重削弱法律的稳定性和连续性，最终必将危及国家和社会的长治久安。

---

[1] 郑成良、董进宇、霍存福：《论依法治国之法理要义》，《吉林大学社会科学学报》1996年第4期。

最后，从思想文化上看，"以法治国"主要以集权专制为政治基础以尊卑分明、等级森严的文化为背景。它立足于国家的一切权力都属于国君的观念，而将民众的利益，置于需要仰仗皇帝的恩泽和大小官吏保护的地位，强调"忠君"及下对上的负责和上对下的监督，忽视权力的分工、制约和监督，因而会产生"王子犯法与庶民不同罪"的现象。它更关心当权者的权力和自由，漠视公民的权利与自由；主张靠国君的圣明和大小官吏的"忠君"及自我约束来保持政权的稳固；法律的重心在于充分肯定和严格固守各级官吏对君权的臣服以及民众对国君、对官府、对官员的顺从，绝对禁止"僭越"，严厉制裁各种"犯上作乱"，由此确保国家的稳定和社会的秩序。

与之相反，"依法治国"则是以民主政治、科学理性为底蕴的。它主张用体现商品经济规律、反映民主政治要求和理性观念的宪法、法律来规范国家权力，强调通过建立和施行国家权力的分工、监督和制约机制来防止国家权力的任意行使及滥用，在法律的适用上奉行平等、公开、公正、公平的原则，严格禁止和坚决取缔各种法外特权。它还要求一切国家机关及其工作人员，都必须依照体现人民利益和意愿的宪法和法律行使权力、履行职责，并且充分重视和有效保护公民权利，确立和维护普遍的、真实的、持久的自由、平等、效益和秩序，所追求的目标是建设法治国家，形成法治社会。

二、法治表征一种行为方式

法治的基本含义是依法办事。当然，依法办事的主体及其程度在不同历史阶段和不同的社会中截然不同。在古代社会，依法办事主要是针对下级官吏和老百姓的要求，君主及高官显贵往往不受法律的约束，经常突破法律的限制。在现代法治社会，依法办事的要求是社会关系参加者的普遍的行动原则，不仅普通社会成员，而且代表国家权力的国家机关及其工作人员也被要求依法办事。从与古代法治对立的意义上来说，现代法治的精髓是依法治国，即政府各部门的依法行政，依法审判，规范立法。美国法学家富勒曾说过："法治的实质必须是：在对公民发生作用时，政府应忠实地运用预先宣布的应有由公民遵守并决定其权利和义务的规则，如果法治不是指这个意思，它就毫无意义。"

三、法治是一种秩序状态

无论是作为治国方略，还是作为依法办事的原则，法治最终要表现为一种法律秩序，达到某种法律秩序，既是法治的目标和结果，也是检验是否厉行法治的一个重要指标。

法律秩序表现为社会生活的基本方面已经法律化和制度化、社会成员和社会组织都有明确的权利和义务、每个法律主体都忠实地履行法定义务，积极而正确地行使和维护法定权利。实际上，一个良好的社会秩序是在法律秩序的基础上建立起来的。

我们必须指出的是，法治并不是单纯的法律秩序，不是任何一种法律秩序都称得上是法治秩序，法治是有特定价值基础和价值目标的法律秩序。就像亚里士多德曾经说过"法治应包含两重意义：已成立的法律获得普遍的服从，而大家所服从的法律又应该本身是制定得良好的法律。"这意味着，社会在形式和内容两方面都符合一定的要求才能称之为法治社会。法律在形式方面必须清晰、适度、公开、规则之间必须协调一致，有明确的效力范围和制裁方式等等。

就内容而言，法律的价值基础和价值取向应当至少包括这些内容：其一，法律必须体现人民主权原则，是人民根本利益和共同意志的反映，并且是以维护和促进全体人民的共同利益为目标的；其二，法律必须承认、尊重、保护公民的普遍权利和自由；其三，法律面前人人平等；其四，法律必须对一切正当利益施以无差别的保护。因此，如果某个法律制度或者法律秩序缺乏这些最低限度的价值目标和基础，就不配被称为法治。

综上所述，所谓法治，其实是融合了上述各种意义在内的一个综合概念。法治是一种融合多重涵义的综合观念，在这个观念中，法治不仅仅是一种治国方略，一个完整的法治概念，同现代文明制度密不可分，且包含着深刻的内涵。其中，法律至上、公权有限、保障私权、程序正义、信任法律等理念应是这一观念的题中应有之义。

第二节　依法治国内涵

在当代中国，依法治国是指"广大人民群众在党的领导下，依照宪法和法律，通过各种途径和形式管理国家事务，管理经济文化事务，保证国家各项工作依法进行，逐步实现社会主义民主的制度化、法律化，使这种制度和法律不因领导人的改变而改变，不因领导人的看法和注意力的改变而改变。"①

这一观念具有重要意义。依法治国方略的确立可以说是中国共产党在领导人民建设社会主义国家过程中的理想抉择，是党在治国理念上的重大突破。新中国成立后，我国的民主法治建设取得了一定成就，但也经历过重大挫折。十一届三中全会以后，邓小平在总结国内国际历史经验教训的基础上，提出了发展社会主义民主和健全社会主义法制的方针。他指出，没有民主就没有社会主义，就没有社会主义的现代化。他还提出，健全社会主义法制的基本要求就是"有法可依、有法必依、执法必严、违法必究"。他强调，要维护法律的稳定性和权威性，"必须使民主制度化、法律化，使这种制度不因领导人的改变而改变，不因领导人看法和注意力的改变而改变"。他指出，要通过改革，处理好法治和人治的关系，处理好党和政府的关系。

---

①江泽民：《高举邓小平理论伟大旗帜，把建设有中国特色社会主义事业全面推向21世纪——在中国共产党第十五次全国代表大会上的报告》，人民出版社1997年版。

依法治国也是中国共产党在执政方式上的历史性转变。选择依法治国就是选择法治，彻底摒弃人治，这无疑是中国共产党在执政方式上的历史性转变。中国共产党在革命战争年代的执政方式主要是依靠政策，新中国成立后逐步过渡到既依靠政策又依靠法律，但法制一度并不健全，人治色彩很浓。1996年，党中央明确提出要"依法治国，建设社会主义法治国家"，它标志着继1978年提出以经济建设为中心、实现国家工作的根本转变以后，党中央在新的历史时期根据社会发展需要和国家管理规律，做出了要依法治国，实现国家治理方式的根本转变的重大战略决策。党的十五大报告进一步指出，"依法治国，是党领导人民治理国家的基本方略，是发展社会主义市场经济的客观需要，是社会文明进步的重要标志，是国家长治久安的重要保障"，"到2010年形成有中国特色社会主义法律体系"，"维护宪法和法律的尊严，坚持法律面前人人平等，任何人、任何组织都没有超越法律的特权"——这说明，依法治国是党在执政方式上的历史性转变。

依法治国，不仅是法治国家的基本治国方略，也是现代法制文明所确立的一条基本公理，并与其他许多重要的法律原则、原理和规范有着密不可分的内在联系。那么,到底依法治国的理论内涵是什么呢?古今中外许多学者都对这个问题进行过深入的探讨,归纳起来,获得普遍认可的有这样几个方面:

一、法律至上

法律至上就是法律具有最高的权威性,人人只受法律的支配。依法治国意味着赋予治国者一种必须依法行事的义务,也就是说统治者必须站在法律之下去思考和行动。

法律没有自己特殊的利益、特殊的兴趣和偏好。而人却具有这些,比如古代社会里的皇帝,口含天宪,言出法随。法律至上能保证被治理的人们不受任意性和偶然性的支配。

法律至上原则的核心在于宪法至上和司法至上。

宪法具有最高的权威,这是法治的根本标志。宪法"譬如北辰,居其所而众星拱之"。控制权力以保护权利和自由是宪法的根本精神,宪法首先确定国家权力的来源、结构、范围及其活动原则和程序。宪法是公民的权利的宣言,它宣示了权利自由的种类、内容及相应的义务。因此,政府和公众都应遵守宪法。无论是政府还是公民,如果不遵守宪法,都会产生恶果。政府不遵守宪法，就会产生腐化或者无政府主义；如果公民不遵守宪法，就会导致秩序混乱或者社会的无政府主义，最终都会使得公民的权利和自由无法得到保障。

在这方面，我们是有着深刻教训的。例如近年来发生的几起群体性事件，就是缺乏法律至上原则行事所导致的恶果。群体性事件背后深层次原因是各级政府在矿产资源开发、移民安置、建筑拆迁等工作中，一些干部作风粗暴、工作方法简单，结果激起了群众更大的不满和对立情绪，致使冲突进一步升级。社会不满群体的存在是导致各类冲突升级的重要原因，同时各级政府部门都没有很好地贯彻"宪法至上"的原则行事，而群众的做法也没有按照"宪法至上"的原则行事，结果导致更一进步的矛盾激化。由此可见，依法治国，对于人民群众而言，最重要的一点就是要把"宪法至上、法律至上"作为自己行为的思考前提。而对掌握公权力的国家机关，"宪法至上、法律至上"应当作为制定政策、规章，实施政府行为以及相关国家机关工作人员执行公务的基本原则和行为守则。

法律至上原则的另一个要点就是司法至上。所谓司法至上就是指司法应该成为解决各种法律争端与诉讼纠纷的最权威的仲裁方式。人类社会从其产生的那一天开始，就在各种不同的纠纷和冲突中前进。如果无法顺利解决各种纠纷和冲突，必然会对社会秩序造成巨大破坏。在人类社会的发展过程中，人们摸索出了种种解决纠纷的方式方法，比如复仇、战争、谈判、法律，等等。其中司法解决纠纷的方式是破坏性最小的、最公正文明和有效的方式。这一原则要求法院成为处理公民之间，社会组织之间以及权力和权利之间权益纠纷的最主要的、最后的，也是最为重要的机关。

总之，坚持法律至上原则，应当依照宪法和法律规定，规范国家立法，健全法律体系；政府依法行政，严格执法；司法机关公正司法，维护法律权威；公民法治意识良好，自觉守法。要树立和维护宪法、法律权威，坚决同一切违反宪法和法律规定的行为斗争。要树立执法和司法权威，严格公正文明执法，以公正司法赢得权威。

二、公权有限

公共权力从何而来，是政治哲学和法学探讨的重要课题。对于权力的来源，古今中外的学者已经做了广泛的探讨，如古罗马的法学家乌尔比安认为："皇帝的旨意具有法律效力，因为人民通过《国王法》中的一段话把他们自己的全部权力授予了他。"①"资产阶级学者更是普遍论证了主权在民的权力依据，社会主义国家的宪法也普遍宣布，国家的一切权利属于人民。"②既然权力来自于人民，那就要确保权力忠实于人民，一旦权力背叛人民或者远离人民，那就与权力来源说相违背，因此，我们必须对权力进行必要的限制。

所谓公权有限，意味着"在一个国家中一切公共权力都是有限的，都必须以法律作为其存在基础，须依法设立、取得、行使、监督和评价。"③法治的最重要的政治职能是确立一个"有限政府"，这个政府需要在权力、作用和规模上都受到严格的法律限制。而限制公共权力的目的正是在于充分地保护公民的私权不受肆意侵害。

与有限的政府相对立的是无限的政府。所谓无限政府是指一个政府可以为所欲为，规模、职能、权力和行为方式上

---

①[古罗马]乌尔比安：《论法律》，转引自王人博、程燎原：《法治论》，山东人民出版社1989年版，第17页。
②卓泽渊：《法治国家论》，法律出版社2003年版，第79页。
③郑成良、董进宇、霍存福：《法治国家的理念》，《吉林大学社会科学学报》1996年第4期。

具有无限扩张性，这个政府所做的任何事情在这个社会中都有天然的正当性，不受法律和社会的制约。可以看出无限政府必然是一个专制的政府，而专制必然会导致腐败。

中国传统社会中占主导地位的法律观念是用权力的标准去评价法律，强调以权力作为法律的存在依据。这样一来，公共权力所做出的决策和行为都会被认为具有天然的合法性，如果它们与这些标准相矛盾，则可以取而代之并以自己作为自己的标准。

依法治国，则必须要秉持这样的信念：法律是一切公共权力的来源和基础，一切权力要获得正当性，就必须是依法设立、依法取得并依法行使的；反之，非法获取的权力应当是无效的，公民对其没有服从的义务。一个国家的管理者，无论是作为个人，还是作为机构，都应当随时准备接受法律的评价，任何人违反了法律都必须要承担责任，不论是公民还是政府。

三、程序正义

"程序正义，是这样一种法律精神或者法律理念，即任何法律决定必须经过正当的程序，而这种程序的正当性体现为特定的主体根据法律规定和法律授权所作出的与程序有关的行为。"①

"正义不仅应得到实现,而且要以人们看得见的方式加以实现",这句法律格言是对程序正义最好的解释。意思是说,案件不仅要判得正确、公平,完全符合实体法的规定和精神,而且还应当使人感受到判决过程的公平性和合理性。法律程序相当于一系列办事的手续和步骤。我们无论做什么事情,"都要事先了解做这件事情的步骤是怎样的,制定并遵守这些带有技术性的步骤,可以确保做事顺利,使事情进行得有条不紊。"②而制定法律规则,解决人们之间的纠纷,更是如此。可以说程序正义是现代法治的基本原则。现代社会的法治不仅仅关注结果的正当性,而且要看这种结果是怎样得来的,或者说得出结果的程序和步骤本身是否公正、合理合法。只要这种正当的程序得到执行,无论它会产生什么样的结果人们都会接受。因为人们可能无法真正知道事情本来的真相是什么,所以必须依据正当程序推论出法律真相来。

---

①赵旭东:《程序正义概念与标准的再认识》,《法律科学》2006年第3期。
②陈瑞华:《看得见的正义》,《法制咨询》2010年第11期。

美国证据法里有一条著名的原则:"面条里只能有一只臭虫。"因为,任何人如果发现自己正在吃面的碗里有一只臭虫的话,绝不会试图去翻找第二只,而是径直倒掉整碗面条。这个比喻说明在审判的过程中,如果证据中有伪造的成分或是非法获取的,整个证据将不被采纳。这条原则被用来确保人们在获取证据的过程中是通过合法的途径取得的。

法学上有句名言:"程序是正义的蒙眼布,意思是它不偏袒任何人,并与实体权利脱离,而表现出独立的价值。"[①]关于程序正义之重要性的典型案例,在美国有辛普森案,在中国有佘祥林案。前者是程序正义导致的结果,而后者恰恰是缺乏程序正义造成的恶果。

1994年前美式橄榄球运动员辛普森被指控谋杀了他的前妻,在种种证据都指向辛普森非常有可能就是真凶的情况下,辛普森最后被宣布无罪释放,仅对前妻的死负有民事责任。其重要原因就是因为警察局有人假造一只带血的手套来指控辛普森,辩护律师强力攻击控方这一证据的漏洞,指出并当堂演示被告的手穿不进血手套,同时指出证人是种族歧视者以打击其证据的可信度,强调控方没有足够的证据,要

---

① 张雪永,《法治与公正》,《民主与法制》,2003年第6期。

求陪审团判决无罪。陪审团最后裁决辛普森两项杀人罪名均不成立。辛普森最后被无罪释放。在案件的全部过程中，大家都清楚地看到了程序在一步步地按照美国法律的规定往前推进，而这些法律被认为是代表了全体国民意志的，因而，无论最终结果如何，都是一个合理的可以接受的结果。

而中国的佘祥林杀妻案，经过三级公检法系统的办理和三级法院的审理，由于程序不公正，最后造成冤案，这不得不引起人们深思。审判程序和过程的公正有时甚至比结果更重要；审判程序的公正要深入人心。程序不公即便带来了看似公正的结果，但对法治的破坏是无法弥补的，也必然导致公民对法律的确信大打折扣。

为了更好地理解程序正义，还有一个著名的案例：1963年，美国发生了一桩抢劫强奸案，警方将一名男子抓获。在询问的过程中，警察要求该男子招供，并要求其自己写下供述。他照做了，之后该男子被控抢劫罪和强奸罪。这个人叫米兰达。判决下来后，米兰达不服，上诉理由为他写下供述是在警察的强迫之下，这违反了美国联邦宪法第5条修正案：在刑事诉讼中不得强迫任何人做出对自己不利的证词。此案例促成美国最高法院形成一个规则。在审讯时，警察必须事先告知被捕者有两个基本权利：一是他（或她）有权保持沉默；二是，他（或她）如果选择了回答，则所做的回答可以作为呈堂证供，否则，所得证词无效——这就是著名的米兰达规则。

米兰达规则所保护的沉默权是维护程序正义的经典规则，其道理在于：第一，它保护了公民的言论自由。言论自由既包含了想说就说，也包含了不想说就不说，如果一个人不想说，硬要上前撬开嘴巴让人说，这就等于剥夺了言论自由。第二，当一个人被逮捕，他已经处于非常不利的地位，这时如果再允许执法者任意妄为便极易造成冤假错案。如果让嫌疑人获得沉默权，就可以抵御滥用权力的执法者。第三，基于无罪推定。就是说，在法院最终判决之前，一定要假定嫌疑人是无罪的，要一步一步地证明罪是什么，罪在哪儿。既然无罪推定可以接受，则无罪的这个人，自然可以沉默不语。

然而，沉默并不意味着法官或者陪审团就可以不做任何对其不利的推论。例如，在公共安全出现危险时，警察就可以不履行米兰达明示。1984年，纽约州一起强奸案。一名妇女报案，警方抓获嫌疑人，妇女称嫌疑人身上有枪。这样，警方为安全起见，径直问嫌疑人枪在哪儿，而不必宣示米兰达明示。

另外,保护沉默权的法律是一个一般性的规矩,在实践中是需要作出解释的,警方和法院可以依据具体情形来对沉默权进行解释。这种对沉默权的限制、例外和解释也比比皆是。这表明,大家意识到,沉默权虽然是保护了公民的权利,可保护之余,也会带来负面影响,过度使用沉默权,完全可能违背沉默权的初衷。因为,过度滥用沉默权可能会影响社会秩序和他人的权利。当沉默权的滥用导致真正的犯罪分子逃之夭夭,逍遥法外,那么受害人有可能会如法炮制,以夷制夷了。

由此可见,程序正义的目的,在于维护真正的实质正义。"正义不仅应得到实现,而且要以人们看得见的方式加以实现",程序正义被视为"看得见的正义"的真正意义便在于此。

程序正义对依法治国的实现有着重要意义,程序正义有助于人们从心理上真诚接受和承认法院所作裁判的公正性和合理性,即使裁判结果对其不利;有助于社会公众对法院、审判程序乃至国家法律制度的权威性产生普遍的信服和尊重,即使裁判结局与他们本人的利益无关。因为程序正义是以"人们能看得见的方式"实现的,人们都会确信这种结果不是裁判机构任意或者随意作出的，而是经过了充分、合理的论证和讨论，也听取了被告人本人的辩解，因而具有充分的正当性和合理性。由此使裁判结果的形成建立在正当的法律实施过程的基础之上。这有助于社会形成一种尊重法律程序和法律制度的良好法治秩序，使法律制度的实施具有较好的社会环境和条件。

反之，如果不符合程序的执法，即使是为了正义之名，也会产生相反的，甚至更为恶劣的后果。一个政府的权威应由民主、公平、公正、透明而形成，他的权威应建立在人们自发信任的基础上，如果连最应讲究诚信的政府都去违背正义的程序，知法犯法，侵害公民的权利，这必将导致一个社会信任机制的崩溃，进而引发更大的混乱。

四、保护私权

"实行法治和保障人权意味着国家要以法律和制度规范公权力的行使，防止公权力滥用和对私权利的侵犯。"[①]保护私权意味着在一个法治国家中，政府应该对公民的各项权利

---

① 姜明安：《公权与私权的平衡是一个法治原则》，《理论导报》2008年第3期。

进行充分的保护。公权和私权时常会发生冲突矛盾，但由于二者不属于同一重量级，公权力因为其掌握着所有的国家暴力机关而强大无比，再强大的私权也无力抵抗，以私权对抗公权无异于以卵击石，因此任何一个法治国家都要对公权进行约束，最大限度地保障公民权利。

（一）要实行依法治国，就必须保护私权

保护私权是我国以人为本的政策的具体体现。胡锦涛曾经指出："坚持以人为本，就是要以实现人的全面发展为目标，从人民群众的根本利益出发谋发展、促发展，不断满足人民群众日益增长的物质文化需要，切实保障人民群众的经济、政治和文化权益，让发展的成果惠及全体人民。以人为本位，就要首先维护个人的尊严和基本权利。"以人为本思想要求把人的利益的实现作为评价发展的价值尺度，坚持人民是发展评价的主体。马克思主义坚持以生产力作为评价经济社会发展的历史尺度，同时，又坚持以人的需要的满足作为经济社会发展评价的价值尺度，并且把这两种尺度整合起来，强调人民群众是经济社会发展评价的主体，人民利益是评价标准。毛泽东说："共产党人的一切言论行动，必须以合乎最广大人民群众的最大利益，为最广大人民群众所拥护为最高标准。"邓小平把人民高兴不高兴、人民赞成不赞成、人民答应不答应、人民满意不满意作为评价改革的标准。江泽民说，"人民，只有人民，才是我们工作价值的裁决者"，"党的一切工作必须以最广大人民的根本利益为最高标准"。胡锦涛要求，领导干部都要自觉用最广大人民的根本利益来检验自己的工作和政绩，做到凡是为民造福的事就一定要千方百计办好，凡是损害广大群众利益的事就坚决不办。依法治国就是要以法律的手段更好地保护人民群众的各项权利，更彻底地实现以人为本的理念。

但是，在现实生活中，仍然有小部分公职人员重公权而轻私权，重公益而轻私益，以致经常导致公权力被滥用，私权益被侵犯，而公共利益也在很多情况下实际被损害。例如一些地方政府为了政绩发展所辖区域的经济，依法适当拆迁部分居民房屋是必要的和合适的。但是政府在处理此类问题时一定要适当合理地行使这种公权力，绝不能以强势的公权力威胁相对人，进而损害公民合法的私权利。否则就可能把公权力变成专制的工具，那么势必导致法治和人权的荡然无存，也势必会导致了人民群众的不满，如任由这种情况大肆泛滥，必将造成严重的后果，使得人民群众对法律的信任锐减，对社会不公的抱怨增多，严重破坏法治进程。

(二) 正确看待保护私权

有人认为个体权利反映的是个体利益，如果承认一切个体利益都是神圣不可侵犯的，会导致难以控制追求不正当利益的损人利己行为，社会共同利益和他人利益是否会必然受到侵犯？

我们认为这种担心是多余的。首先，这种观点混淆了两个概念。个体权利与个体利益并非等同的概念。承认个体权利神圣，不等于承认一切个体利益都是神圣不可侵犯的。如果超越法定界限滥用权利，的确会对他人或社会的合法利益构成破坏。不过，这本身就是被法律所禁止的违法行为。最后我们必须指出的是，"一般情况下，依法行使权利不会造成对社会共同利益的损害，然而，在某些特殊情况下，基于促进公共利益的目的，政府主体有权依法对个体权利加以必要的限制，但是，社会主体的合法利益如因此而受到损失，政府主体有义务予以合理补偿。"[①]

[①] 郑成良、董进宇、霍存福：《法治国家的理念》，《吉林大学社会科学学报》1996年第4期。

（三）权力本位与权利本位

一般而言，人治国家都是崇尚权力本位的。权力本位有如下特征：一是权力无界，即权力的行使范围和影响范围没有边界，可以随心所欲地渗透到任何领域；二是权力万能，即相信权力可以改变一切、实现一切，受权力支配的一切人都必须无条件服从权力，否则必受权力者惩罚；三是权力至上，权力在整个社会序列中处于最高等级，其地位至高无上，人也因拥有权力的大小分属于不同的等级；四是权力情结，权力拥有者将权力看作一种不可或缺的资源，整个社会普遍具有迷恋权力、崇拜权力和争夺权力的倾向；五是权大于法，在观念上将权力的价值和地位看得高于法律，在实践中权力拥有者以自己的意愿取代法律，破坏法定的制度；六是权力独立化倾向，权力的价值被从"工具"提升为"终极"；七是强调国家政权的至高无上地位，对权力的保护的力度和广度远大于对权利的保护；八是将国有财产置于特别优越的地位，并给予特别的保护；九是主张个人利益无条件服从国家利益，这是权力本位的社会内容。权利以个体利益为社会经济内容，权力以国家利益（即法律承认和保护的公共利益）为社会经济内容。

权力本位理念下，必然要求个人利益无条件服从国家利益。所谓"国家的利益再小也是大，个人的利益再大也是小"。在传统中国社会中，个人不是独立的经济主体和利益主体，个人往往从属于家庭或者家族，又"由于家国一体，血缘身份与作为君臣官民良贱的社会身份又是相通的"，[①]因而个人就不能作为独立的主体而存在，总是依附于某个人或者某个集体之上，这必然成为专制的文化土壤。

而现代法治国家实现依法治国的理想，就必须使政府与社会达成一种双向互控关系，让公权力与个体权利之间达成平衡，因此权利本位原则就成为必然的选择。

所谓权利本位，是指政府对公民设置的义务都必须以保护社会主体的平等权利为出发点，即"政府对社会主体所施加的义务约束必须来源于、服务于并从属于平等的权利，公共权力应当以保障公民、法人等社会主体的平等权利作为一切活动的宗旨，并以此为基础而实施对社会的治理"。[②]

从中国当代的法治生态环境看，无论在立法、执法还是

[①] 夏勇：《人权概念的起源》，中国政法大学出版社1992年版，第183页。

[②] 郑成良、董进宇、霍存福：《论依法治国的法理要义》，《吉林大学社会科学学报》1996年第4期。

在司法领域，忽视、漠视公民权利的现象还存在着。因此，无论是从中国传统的专制和历史法律文化来看，还是从当代中国法治实践来看，实现依法治国"既要背上沉重的历史包袱，又要有直面现实阻碍的勇气"。[①]

而要在偏重于公权力、公共利益和集体利益的传统氛围中建立和实现依法治国的理想，首先必须改变观念，并大力弘扬人们的主体意识。要培养公民的主体意识，首要的就是培育公民的权利意识，这就要求我们在全社会确立权利本位的理念。正如学者姚建宗所言："法治是全体社会公众共同参与的一项正义的事业，它反映的是社会公众强烈的主人翁独立意识与自觉意识，表达的是社会公众的积极性与主动性。"其次，要促成公权力与私权利保持一定的平衡，使公共权力与个体权利保持了必要的张力，这就必须要以权利本位为原则，使得以下理论方式予以实现：其一，"一方面，法律赋予政府必要的权力，使其能够有效地治理社会，能够有效地维持正常的社会秩序。另一方面，法律也确认社会主体的正当权利，使其能够无顾虑地追求和增进自己的合法利

[①] 杨春福等：《自由·权利与法治——法治化进程中公民保障机制研究》，法律出版社2007年版，第10页。

益,能够充分地实现自由"。其二,"一方面,政府必须依法行使治理社会的权力,在此范围内,一切社会主体均有服从政府权力的义务。另一方面,一切社会主体都可以依照法律而享有和行使平等的权利,依法而治的政府对这些权利也负有予以尊重并着意保护的义务"。其三,"一方面,政府可以利用法律来取缔和制裁社会主体违反法定义务、滥用法定权利的行为。另一方面,社会主体也可以利用法律来抵制和追究政府主体违反法定职责、滥用法定职权的行为"。[①]

比较权力本位,可以看到现代社会能够实现公共权力与个体权利的平衡,得以达成秩序与自由的统一,其直接原因就在于实行权利本位基础之上的依法治国,从而使法律成为政府与社会之间双向互控的权威性的规则。

五、信任法律

对法律的信任是"社会主体对社会法的现象的一种特殊的主观把握方式,是社会主体在对社会法的现象在理性认识基础上油然而生的一种体验,是对法的一种心悦诚服的认同

[①] 郑成良、董进宇、霍存福:《论依法治国的法理要义》,《吉林大学社会科学学报》1996年第4期。

感和依归感,是人们对法的理性和激情的升华,是主体关于法的主观心理状况的一种境界"。①

这种法律情感的形成不是靠法律的严酷与冷峻,也不是靠外力的强迫、压制与威胁,它们仅能使社会公众滋长对法律的敬畏感,相反,这种社会的法律情感是发自内心的对法的一种心悦诚服的认同,是民众对法的理解与激情的升华。

法国启蒙思想家卢梭说:"一切法律之中最重要的法律既不是铭刻在大理石上,也不是铭刻在铜表上,而是铭刻在公民们的内心里,它形成了国家的真正宪法,它每天都在获得新的力量,当其他法律衰老或消亡的时候,它可以复活那些法律或代替那些法律,并可以保持一个民族的精神。"当代中国正经历从传统社会向现代社会转型的历史变革。随着"依法治国"方略的确立,中国法治建设呈现前所未有的发展态势。公民的法律意识与理念也正随着社会的发展和完善而逐步发展变化。我们仍应看到,在社会转型时期,特别是在市场经济的发展过程中,由于传统法律文化观念和各种利益驱动对人们法律观念所造成的负面影响,加上法律实践中

---

①卢泽铭:《法律信仰——中国法治建设的基础》,《学术论坛》2006年第8期。

存在的种种弊端，使公民对法律的情感充满着各种矛盾和冲突，更遑论信任法律。

（一）法律信任缺失及其原因

法律只有为公众认可，才能内化为社会成员的精神财富。在我国，公众对法律的陌生感，导致法律应有的价值不能转化为主体价值追求的目标。2008年2月，国务院新闻办公室在发布的《中国的法治建设》白皮书中明确现行有效的法律共计229部，"与法律相配套，国务院制定了近600件现行有效的行政法规，地方人民代表大会及其常务委员会制定了七千多件现行有效的地方性法规，民族自治地方的人民代表大会制定了六百多件现行有效的自治条例和单行条例。国务院有关部门以及省、自治区、直辖市和较大的市的人民政府还制定了大量规章"。立法速度不可谓不快，立法数量不可谓不多，这首先体现了我国法治发展的重大成就。但同时还应该看到，如此数量的法律与其应在民众心目中的地位和影响却是不成正比的。公众面对诸多法律，既无从了解和知晓，也难以掌握和运用，从而使越来越多的法律不是成为公众的必需品，而是奢侈品。

20世纪以来，科学的日益昌明与发展使人们的信仰抛弃宗教以后，又在个人崇拜的盲目中寻求到了心灵的归宿。然而，经过社会的动荡变迁，人们又把这一情感移植到了物欲上，形成了对金钱的绝对信仰。综观我国法律的现状不难发现其中的问题：法律应有的价值尚未转化为公众追求的目标。

如果对法律进行逐本求源，那可以这样说，法律是为保护弱者、抑制人类固有的恶性而产生的，它否定了那种弱肉强食、强者为王的动物世界法则，使人类从此区别于一般动物。但现实中的法律并未让公众产生信赖之感。公众也很难树立起权利意识，同时有法不依的现象大量存在又使得公众形成了"有法无法一个样"的法律虚无主义观念。"据有关部门调查，我国有法不依的现象相当普遍，许多地方得到认真执行的法律仅有20%，有的地方只有10%"。[1]有法不守，还不如无法。有法不守造成的是一手立法一手毁法，由此降低了法律的尊严，削弱了法律的权威。因此，从这个意义上说，守法重于立法。没有法律时，人们渴望得到法的保障；有法不遵时，人们就认为有法无法一个样，并容易产生轻视

---

[1] 刘玲、樊力达：《论依法治国与法律权威》，《管理工程师》2010年第1期。

法、破坏法、践踏法的严重后果。一旦公众对有法不依的法律心理形成一种社会心理定式和传统后，法治观念将不会存在，更不用谈信任法律的问题。

此外，司法体制存在的缺陷也是导致公众对法律的不信任重要原因之一。司法是建立公民对法律信任的重要一面，而在我国，由于司法机构设置存在的问题，法官的职业法律素质有待提高和现实生活中判决难以执行等原因，使得人们通过司法途径谋求社会正义的愿望实现艰难或波折重重，因而建立公民对法律应有的客观、公正、公平精神的崇高信念和信任也变得困难重重。

法律能够被信赖，能够发挥其应有的功能，在于它的科学性、正义性和效益性。西赛罗在《论法律》中说，罗马人自孩提时便受到如此教育：一个人要求求助于正义就去诉诸法律。因为只有法律体现着正义，反映着正义，保障着正义，实现着正义，从而使人们建立起对法律的信任。伯尔曼曾说："在任何一个社会，法律本身都促成对其自身神圣性的信念。它以各种方式要求人们的服从，不但付诸他们物质的、客观的、有限的、合理的利益，而且还向他们对超越社会功利的真理、正义和信仰进行呼吁。也就是说以一种不同于流行的现世主义和工具主义理论的方式确立法的神圣性。"①法律的神圣性与民众的虔诚情感从法律的制定到实施都是由一整套庄肃威严的仪式及法律自身所体现的主体的情感与社会正义为纽带的,这一纽带的某一链条环节一旦出现扭曲或断裂,公众对法律的信任就会被削弱甚至丧失。

(二)建立对法律的信任

首先,信任来源于主体的权利意识、守法精神和对法律价值的切实感受。"法律必须被信仰,否则它将形同虚设",这是法学家伯尔曼的广为人知的名言。在社会普遍的法律情感氛围中,法律才能找到自身正当性与合理性的真正基础。在这个真正的基础当中,法律才能获得真正的社会感召力。强调民众对法律的信任和信赖,对法律的守护和支持,是在于这将成为在我们这一个既无法治的优良传统,又无法生长法治的广泛社会基础的国度中,把法治成功地导入社会的内在动力源泉。民众的守法精神和对法律价值的切实感受,在一定程度上可为法治建设创造得天独厚的条件。法律需要人们笃信与支持,只有这样,其正义与公平的内在价

---

①[美]伯尔曼:《法律与宗教》,生活·读书·新知三联书店1991年版,第43页。

值才能得以彻底的发挥。西方人靠宗教唤起了对法律的信仰，而我们则只能持开放包容的心态，将法律信任根植于民族的精神内蕴之中，真正走上法治之路。

其次，增强政府及其公职人员的守法观念，这是培养公民信任法律的有效保证。增强政府及公职人员的法治观念，尤其是依法行政，是依法治国的中心环节。同时，法治原则针对的是政府，它要求政府的运行必须在制度的框架内，政府只有权采取为法律所明确规定的行为，任何行使权力的国家机构，不管是行政、立法还是司法部门都必须如此。因此，法治意味着有限政府。公职人员的公职身份从另一个角度也为公民信任法律的培养提供了可靠保证。国家公职人员是法律的执行者和具体操作者，其身正，不令而行；其身不正，虽令不从。公职人员的守法观念在外观表象上影响着法律的地位和形象，它在某种意义上对公民对法律的信任起催化作用。

再次，行良法之治。亚里士多德曾经指出：法治首先是良法之治。只有规制社会的规则本身制定的合理，才能从根本上保障法律的至上权威，实现法律对社会的全面治理。就如解晓东在其论文《良法之治》中所言："作为法治的第一个环节：立法应当满足'恰当性'的要求。在这种约束下得到的法律规范，仅由自身品质即能保证获得普遍服从，而无需依靠外在的政治权威。"

公元前399年，古希腊哲学家苏格拉底在他70岁的时候因"腐蚀青年"被判死刑。根据当时的法律，苏格拉底尽管是死罪，可以免于执行，因为他的年事已高，可以向法庭道歉请求宽恕。但苏格拉底没有这样做。根据法律，他还可以缴纳罚金，这一点苏格拉底也拒绝了。他的朋友和学生们，为他疏通关系，买通狱卒，希望他能越狱。苏格拉底拒绝了所有这些生的希望，他执行了一个他本人也认为不公正的判决。几十年后，伟大的哲学家亚里士多德也遭到类似罪名的起诉，跟苏格拉底不同的是，亚里士多德得到消息后，立即出逃，以躲避他认为不公正的审判和刑罚。亚里士多德认为，在希腊法之上，存在着更高的自然法，如果希腊法违背了自然法，那么希腊法就不是正义的，据此作出的审判也不是正义的，公民没有服从不正义的审判的义务。

在讨论良法的标准问题时，亚里士多德认为，法律同自由、平等、正义和善德等社会价值是紧密联系的，推行法治就是在促进和实现这些价值。他说，"相较于城邦政体的好坏，法律也有好坏，或者是合乎正义或者是不合乎正义……法律必须是根据政体制定的；既然如此，那么符合正宗政体制定的法律就一定合乎正义，而符合于变态或乖戾的政体制定的法律就不合乎正义"——亚里士多德所说的正义"是指人们实施的正当行为或以正当方式行事并希望有正当的东西"。他还提出了良法的形式标准，即普遍性、平等性、相对稳定性和最高权威性。在西方法律思想上，亚里士多德率先论述了良法及良法的实体标准和形式标准。

（三）良法对建立法律信任具有重要意义

古典自然法学派的创始人亚里士多德最早阐述了良法的涵义并论述了良法的标准问题。他说："法治应包括两重意义：已成立的法律获得普遍的服从，而大家所服从的法律本身应该是制定的良好的法律。"针对亚里士多德的良法论，后来的分析法学派提出了截然相反的观点。分析法学派创始人奥斯丁主张法理学的研究范围是实在法，因而不考虑其好坏。他坚持认为法与道德不存在必然联系。在确定法的性质时，绝不能引入道德因素。一个法规尽管在道义上是邪恶的，但只要是主权者以适当的程序制定和公布的，就是法。因此，他们认为"恶法亦法"。在法的价值问题上，分析法学派持否定和怀疑态度。

针对分析法学派否认法的道德性，新自然法学派进行了尖锐的反驳。他们认为，法必须符合道德，只有符合道德的法才是法（良法），不道德的法不能称其为法或继续是法，即"恶法非法"。并且他们还认为，只有当人们接受与道德不可分离的观点，才能阻止立法者将非正义、不道德的东西写入法律之中，避免法院以"依法司法"为借口为其不公正的裁判自掩，或为干了道德恶行的人开脱罪责。

可见，自然法学派和分析法学派在理论上存在明显分歧，他们坚持各自的主张自己是对的。然而，他们似乎都不能被我们完全接受。他们在试图构建自己的理论体系时，却无法避免其理论在整体上已存在的缺陷。因为他们恰恰都只论述了关于法的问题的两个相互联系的方面中的一个，要么是法的价值探讨，要么是法的实证研究。然而，这两者是不可分割而各自独立的。片面地追求法的道德性会导致法律虚无主义，因为道德是不确定的，是不能被实证的；过分局限于法的纯粹的实证领域，又会走向法律工具论，从而有意无意地为专制或独裁提供了天然的辩词。

最明显的例子就是二战后的纽伦堡审判。1945年8月8

日，在第二次世界大战结束之际，美、苏、英、法四国政府在伦敦正式签署了关于控诉和惩罚欧洲轴心国主要战犯的协议，并通过了著名的《国际军事法庭宪章》作为审判的法律依据。设立国际军事法庭的建议曾在同盟国内部引起激烈的争论。有人认为，所有穿过纳粹制服的德国人都应该枪毙，至少应该让他们到西伯利亚服苦役。至于党卫军，也许活埋是个更好的方式。但美国联邦最高法院大法官罗伯特·杰克逊坚持必须举行一次公开、公平、公正的审判，他指出："如果你们认为在战胜者未经审判的情况下可以任意处死一个人的话，那么，法庭和审判就没有存在的必要，人们将对法律丧失信仰和尊重，因为法庭建立的目的原本就是要让人服罪。"最终他胜利了。据此，盟国政府在德国东南部的历史名城纽伦堡组成历史上第一个国际军事法庭，对22名被控犯有密谋罪、破坏和平罪、战争罪、种族屠杀罪以及反人道罪的纳粹德国主要战犯进行审判。最后法官们宣布了对这场长达11个月的审判的裁决——23名被告中，有19人犯有以下四种罪行："共同策划或密谋侵略别国罪"、"破坏和平罪"、"战争罪"、"反人类罪"。

著名德国哲学家汉娜·阿伦特非常深刻地指出："（认

为遵守纳粹的法律是一种职责）这是一种被正常化了的邪恶，它比没有职责作为借口的邪恶更加可怕，因为没有借口的邪恶至少还会使罪犯在心灵深处受到谴责，可是有了职责作为借口，犯罪就成为某些人的职业——正常甚至'正当'、'高尚'的职业，罪犯们不但不以为耻，反以为荣。这样，社会就成为一个可怕的屠宰场，许多人可能甚至为此而成为合法的犯罪狂，在他们眼里，这些罪恶能够成为它们谋生的手段和来源，在此基础上，罪恶必将迅速繁殖，如核裂变一般波及整个社会，久而久之，社会即便不走向灭亡，也会走向混乱和动荡。"[1]

纽伦堡审判使得自然法学派得以复苏，法律必须有道德的底线也成为学界的共识。李龙教授吸取了自然法学派的理论，认为法不可避免地应该具备道德性。作为对道德不确定性的批判的回应，他认为，尽管在法学理论界人们提出了很多有关法的价值的表述，如自由、正义、人权、公共福利等，但值得注意的是它们的内涵之间必然存在着某些相互重合和包容的部分。他把这些相互重合和包容的部分提炼为以下三点：（1）正义——核心价值标准；（2）秩序——基

---

[1]萧翰：《底线伦理与罪恶职责》，《开放时代》2001年第10期。

本价值标准；（3）效率——重要价值标准。其中，所谓良法的程序标准主要体现为四个方面的内涵：立法程序、行政程序、司法程序和法律监督程序都应当具有正当性和合理性。所谓良法的形式标准是法律内容的表现形式应该具备的良善标准。任何法律都包括四个基本要素：法律概念、法律原则、法律规则和技术性事项。从整体上讲，法律应该具备普遍的适用性、严格的规范性和程序上的可操作性，使得民众能够根据法律规定指引自己的行为，并且预测行为的法律效果。因此，这就要求法的形式的合理性和法律体系的完备性：前者体现在法律应该具备内容的确定性原则、规范的平等性原则、符合国情原则和保护人权原则，以及体系的协调性原则和相对自治性原则；后者则要求法律体系要具备统一性、发展性、完备性和内在协调性。

总之，只有构建出良法，使得民众深刻领悟良法的内涵，才能建立起民众对法律的信任。法律来源于对人的不信任。政府机构，特别是行政部门是不会自己立法或划定范围来限制自己行动的，必须把其当作自然人一样对待，通过种种制度对其进行制约。如杰佛逊所说："政府是必要的恶，要用宪法之链束缚，以免受其祸害。"同时，法律又源自人的爱己本能的另一面，即人对自由和发展的本能追求。因此，虽然法律有某种工具性价值，法律本身也同时具有超越工具主义的深刻内涵。扬弃法律工具主义是培养法律信任中必须逾越的障碍，也是我国法治建设的不可或缺的过渡环节。

近现代法治意味着法律的统治，意味着任何人都不能将自己置于法律之上。一个只靠武力使人们服从其法律的政府，必然迅速毁灭。要实现真正的法治，不仅要求全体社会成员都依法办事，更要求国家管理者亦服从法律。法律是社会最重要的行为规范。中国曾经严重缺乏民主政治和商品经济的传统，缺乏对法的信任和尊重的广泛性的社会基础，因而在当代中国，培育并强化民众对法律的信任，将是中国法治建设中树立法律权威的必经历程。

第二章 依法治国的思想起源

第一节 古希腊法治思想

探寻法治思想的根源,我们需要回到古希腊和古罗马时代。西方各种法治思想和流派,都是在古希腊、古罗马时期的法治观念的基础上不断发展而来。正如恩格斯所说:"在希腊哲学的多种样式的形式中,差不多可以找到以后各种观点的胚芽、萌芽。"

古希腊人为什么能创立人类历史上最早的民主制度呢?这种民主制度为什么后来又衰败了?里面有着复杂的原因。既有历史的,也有环境的。在《法治:自由与秩序的平衡》一书中,学者们认为:"古希腊人所居住的地理环境有可能是最大的诱因。古希腊人散布在希腊半岛和环爱琴海周边的海岸线上,半岛多山的地形和海洋的阻隔让希腊人一直没有能统一在一个国家中,而小的城邦、相对独立的政治地位和已经相对发达的工商业和城市经济,是古希腊民主最好的试验田。"[1]古希腊城邦的规模都很小,一般不超过5万人,在一个城邦内部,维系政治秩序的,除了宗教就是法律。在当时,统治阶级和世袭的国王必须依赖大规模的土地私有制,但是在古希腊,土地并不是财富的主要来源,因此古希腊很早就摆脱了世袭君主制的束缚,进入了一个相对平等的市民社会。人们之间的纠纷,不再依赖等级关系的自动定位来消除,而是依赖大家共同认可的法律来解决。古代雅典还发明了陪审团制度,让其他的公民来裁决公民之间的是非曲直。

历史规律表明,相对平等的政治关系可以促进法治体系的成熟,西方历史上最早的法治思想也就产生在古希腊广泛的法治实践之中。

一、柏拉图的法治思想

柏拉图是古希腊明确提出法治观念的第一位著名学者,他在《法律篇》中对其法治思想进行了系统的论述。

---

[1]王伟等著:《法治:自由与秩序的平衡》,中国画报出版社2012年版。

早期的柏拉图对法治并不感兴趣,他主张人治,特别推崇哲学王治国,在他看来,政治好比医学,统治者好比医生,被统治者好比病人。只要有好的医生就能医好病,强调运用法律治理国家,统治人民就好比让一个高明的医生硬要依照教科书方法看病一样。他认为只要哲学家成为国王,国家就可能解脱灾难,得到安宁,他认为哲学王是具有最高智慧和最美道德的人。他说:"法律的制定属于王权的专门技艺,但是最好的状况不是法律当权,而是一个明智而赋有国王本性的人作为统治者。"可见,他当时追求的是一种人治,而非法治。在其著名的代表性著作《理想国》中,柏拉图描述的理想城邦的蓝图是这样的:哲学家是真理的追求者和知识的拥护者,他们不热爱权力,但是出于对城邦的责任,在统治者请求下,他们可以出来为新城邦出谋划策——这样的哲学家被称为"哲学王"。"哲学王"是城邦的拯救者,但并非每个学哲学的普通人都可以成为这样的人。在柏拉图的设想中,"哲学王"应当具备如下品德:良好的记忆力、敏于理解、豁达大度、温文尔雅、爱好和亲近真理,还有正义、勇敢和节制。只有这样的人,在完成教育后,才能将国家托付给他们。他指出:"只有在某些必然性碰巧迫使当前被称为无用的那些极少数的未腐败的哲学家出来主管城邦，并使得公民服从他们的管理时，或者，只有在正当权的那些人的儿子、国王的儿子或者当权者本人、国王本人，受到神的感化，真正爱上哲学时……只有这时，无论城市、国家还是个人才能达到完善。"

总体看来，柏拉图在写《理想国》的时候，是把法律放在次要的地位，法律只是哲学王治理国家的辅助性工具。然而，柏拉图晚年在西西里岛锡拉古城建立道德国的实践失败使得他的思想发生了重大的转变，他开始重视法律的作用。因此，在《法律篇》中，柏拉图对自己的理想国进行了一番重大的修正，将法治引入了统治，从而将"理想国"转化成了"法治国"。

由于现实政治斗争经验的积累，柏拉图承认法治的重要性和必要性，并将法治称为"次佳政治"。在《法律篇》中，柏拉图将统治者称为"法律的仆人"，认为法律应当是至高无上的。他同时认为，一个好的立法者应当保持国内的和平与善，战争不过是实现和平的工具，最大的善才是立法者立法的目的。柏拉图始终认为，立法者立法的时候，只应受最高美德的指导而不应该考虑其他的意见。立法者要考虑美德的整体，要关心人民生活的方方面面，关心人民综合美德的培养。对于作为立法者的政治家而言，他特别强调立法者的第一种美德是判断力和智慧以及控制欲望的精神力量。柏拉图认为，对于一位一流的立法者的工作要求就是要有比例意识，并由此提出了一个著名的观点，即权力的限制也应当保持在合理的比例之上，这体现了政治分权而治的思想萌芽。柏拉图选择的"哲学王"式的人治之道屡遭挫折的现实使他对人类理性的希望彻底破灭，被迫放弃人治，转而推崇"第二等好"的法治。

二、亚里士多德的法治思想

相比柏拉图，亚里士多德是更重视法治的一位。他曾强调法治优于一人之治，并且其所提出古代意义上的法治观念，被广为引用，"已成立的法律获得普遍的服从，而大家所服从的法律又应该本身是制定得良好的法律"[1]。在这里，他既强调遵守法律，又强调了法律本身必须是良法。良法就是理想的法律，是体现了正义和公众智慧的法律。他之所以

---

[1] [古希腊]亚里士多德：《政治学》，吴寿彭译，商务印书馆1983年版，第171页。

强调良法，一方面是为了把现存的法律与体现正义和公正的法律区别开来，另一方面是为了确立良法的地位，使之具有超越现实的法律的地位，并把它看作是衡量、评价现实法律的标准。

事实上，亚里士多德有关法治的论述远不止这些。他在《政治学》一书中不但述及法治的应然性，而且还详细阐述了法治的实然性，他从立法、执法和守法的各个环节论述了如何在一个城邦国家实行法律统治。当代法治理论中的权力制衡说也可以从其论述中找到源头。亚里士多德首创了法治理论的完整而系统的体系，其深远影响超越了时空的界限，为近代西方国家的法治实践提供了积极的思路。

第二节　古罗马法治思想

一、古罗马法的经典法典

古罗马人的最大成就，无论就其本身的固有价值，还是就其对世界历史的影响而论，无疑是他们的法律，以至于后世需要学习法律时，都把古罗马法当作典范。在创立和完善古罗马法的过程中，古罗马法学家最早赋予法律以权利的正式含义，把法律看成确认和捍卫权利的规则。同时，把蕴涵在自然法中的自由、平等理念转化为实在法的原则。正是古罗马法学家这些朴素的法的理念的表达，揭示出了法治的核心要素，从而奠定了古罗马在西方法治思想史上的卓越地位。

古罗马最开始是一个方圆不足10平方公里的小地方。但是其处在亚平宁半岛中部一个比较关键的位置，移民和随之而来的贸易使得这个地方逐渐繁荣起来。古罗马人渐渐和周围的部落融合，形成越来越大的政治共同体。就像如今城市化过程中的本地人一样，最初的古罗马人因为土地所有权和作为本地人的优势，逐渐变成了贵族，而那些后来加入古罗马共同体的人则成为了平民。两个阶层在财富和地位上悬殊，只有贵族有资格参加有立法权的元老院。平民的权利得不到法律的保障，但他们仍然要在古罗马的军队中服役，为古罗马的利益东征西讨。因此，平民开始利用自己参与军队的权利，向贵族施加压力。平民军人抗议的结果，是通过了著名的"十二铜表法"，将古罗马的法律公之于众，这是古罗马成文法的开端。"十二铜表法"的内容并未将贵族和平民同等对待，但因为历史上第一次有了成文的法典，贵族就不能完全按照自己的意志和利益来治理国家，从此平民也可以用法律来保护自己。

古罗马的平民们不断地争取自己的利益，在斗争中也获得了一些其他的权利，比如被选举为参议员的权利，比如有专门来自平民的保民官，可以"一票否决"参议院的法案。这样，平民逐步地成为有完整民事权利和政治权利的罗马公民。

古罗马本来一直适用两种法律：一种针对其公民，称为"民法"；另一种针对非古罗马人，称"万民法"。但是到了公元3世纪以后，因为古罗马帝国赋予所有帝国范围内的人以公民的资格，除了奴隶之外，这种法律上的差别也逐渐消失了。可以说是由于古罗马平民的参政权的逐步扩大使得古罗马能够发展为一套比较完善的法律体系来。

二、古罗马的法治精神

古罗马早期实行的是君主制，但后来废黜了国王，变成了一种共和体制。古罗马的国王之所以被废黜，是因为国王的专制和暴政。因此可以说，在古罗马公民权利不断延伸的背后，是一种反对暴政的思想。

古罗马的法治精神体现在以下几个方面：

第一，古罗马法对于公民之间和公民与政府之间的关系一视同仁，公民不仅可以互相起诉，也可以直接起诉政府官员，这充分地反映了法律面前人人平等的理念。

第二，古罗马法有一个相当完整的法治体系。表现在：它的法律对各种民事关系都有十分详细和明确的规定。这得归功于古罗马较为成熟的城市文明和商业文明，古罗马法几乎涵盖了社会生活的各个领域。

第三，古罗马培养出了专门的法官和律师。这点和古希腊人有所不同，在希腊那里，每个公民都可以在别人的案件中充当法官，在自己的案件里充当律师，为自己辩护，所以并未形成专门的法官和律师职业。但是古罗马的法官和律师是由专业人士担当的，许多法官和律师还是非常著名的政治领袖。

第四，古罗马人还发展出了"自然法"的观念。自然法原本源于古希腊的哲学，在人类的认识历史上曾经出现过各种各样的不同认识，但总的看来，我们可以把自然法理解为宇宙秩序中关于正义基本原则的集合，是制定一切实在法的基础和根源。在西塞罗这样的古罗马法学家看来，自然法是完全基于理性的法，它高于任何具体的法律，并且可以被有智慧的人理解和掌握。自然法也高于任何具体的人，所以自然法的统治是真正超越人治的法治。

在之后的历史中，古罗马人也对暴政保持了足够的警惕。这反映在他们设计出来的比较完备的权力制衡机制，将不同的权力分配给不同的职位，让有权势的人对抗有权势的人。恺撒之所以遭到刺杀，就是因为在很多参议员的眼里，他的权力太大了，而且他对权力的渴望让人有理由怀疑他有重建暴政的倾向。

历史是这样描述的：公元前44年，为了拯救卡雷会战中被俘虏的9 000名罗马士兵，恺撒宣布将远征帕提亚。但是，当时的占卜师说"只有王者才能征服帕提亚"，因而加深了议员们的不安，认为恺撒终将称王。同年二月，在一项典礼上，执政官安东尼将花环献给恺撒，并称呼恺撒为"王"。虽然恺撒拒绝，但反恺撒一派议员们更为恐惧，于是策划谋杀恺撒。参加反对恺撒的阴谋的大约有六十多人，他们称自己为解放者。这些人在刺杀恺撒前会面，卡西乌斯说，如果东窗事发他们就必须要自杀。在公元前44年3月15日，一群元老叫恺撒到元老院去读一份陈情书。这陈情书是假的,马克·安东尼听到消息后,赶紧到元老院的阶梯上要阻挡恺撒。可是参与预谋的元老先找到了恺撒。恺撒在读这份假陈情书时,卡斯卡用刀刺向他的脖子。恺撒警觉,转过身抓住卡斯卡的手,用拉丁语说:"恶人卡斯卡,你在做什么?"被吓到的卡斯卡转向其他元老,用希腊语说:"兄弟们,帮我!"一下子所有人都开始刺向恺撒。恺撒想要脱逃,可因血流太多而摔倒,最后这些人趁恺撒倒地把他杀害了。

恺撒死后,他的继承人奥古斯都消灭了所有的反对势力,取得了绝对优势的权力。古罗马从此进入了帝国时期。在帝国时期,古罗马法的很多内容都保存下来了。但这个时候的古罗马很难说是个法治体系,因为共和国时期存在于贵族和平民之间的制衡,以及不同权力部门之间的制衡,已经不复存在了,皇帝拥有最高的军权、行政权、立法权和司法权,大法官、检察官、保民官这些职位尽管还存在,但根本不可能和皇帝唱反调,因此,尽管罗马法的丰富内容和严密逻辑使得它在后来的很多法律体系中都得到一定程度的继承和保留,但是古罗马法的法治精神,即不同社会力量和政治力量的相互制衡,只能在一个真正的共和国中才能生存。

第三节　西欧中世纪法治思想

如果说古希腊和古罗马是一个法治思想主宰的时代，那么中世纪的西欧则是一个神治思想垄断的时代。基督教将法律上升为终极意义上的神的理性，宣称人和法都是整个神圣统治体系的组成部分。中世纪的西欧经济落后、战乱频繁、等级森严，在这种情况下却令人惊讶地依然保持了相当程度的法治。对此，也许可以从以下几个方面找到原因：

第一，西欧中世纪的封建主义秩序是一种权力均衡的体系，这种均衡有利于法治的发展。当时取代西罗马帝国的是日耳曼部落国家，这些现代西欧人的祖先当时都处在比较原始的部落政治阶段，国王还靠选举产生。进入帝国时代以后，他们才逐步向君主制过渡，但是西欧的封建主义秩序，仍然赋予各级贵族很大的影响力，国王的权力仍然受到各方面的制约。贵族的领地，国王不能任意剥夺；遇到战争，各贵族还会亲自带着自己的武器和家臣上阵，国王必须依靠贵族。因此，国王所欲实行的法令，必须得到贵族们的认可，这种政治组织模式，有利于权力制衡，而权力制衡则是法治的要义。

第二，西罗马帝国虽然灭亡了，但是在西罗马帝国后期成长起来的基督教会却保留下来，并在中世纪早期将各日耳曼部落都同化进来，使得整个西欧成为一个基督教的世界。教会通过自己的道德影响和组织信任又对国王和各贵族的权力形成了另一种制衡。教会所信奉的法律，主要是对罗马法的继承。因此，同一个案子，在贵族和国王的法庭上是一个结果，在天主教会的法庭上可能是另一个结果。这种不同法律体系之间的竞争，但实际上却促进了法律本身的尊严，因为不同法律体系的主张发生冲突的时候，各方都有动力维护自身法律体系的权威。尤其是天主教会，由于没有军事上的力量，所以必须维护它自己的法律体系内的正义，只有这样，天主教会才能巩固自己的道德权威。可以说，日耳曼习惯法和教会法之间的相互竞争，也在无形之中提高了西欧中世纪的法治水平。

第三，也是极为重要的一点，贵族们为了限制国王的权力，还进一步用成文法的形式来保护自己的权利。最有代表性的就是英国贵族1215年迫使国王签订的"大宪章"。不管是封建主义，教会的独立，抑或习惯法和成文宪章，都促进了对国王立法权和司法权的限制，形成了这样一个法治观念，国王的权力不是绝对的，他也只能在法律范围内行使自己的权力。法律的权威高于国王的权威，因为法律要么来自祖先的习俗，要么来自上帝。法律高于权力，这正是法治精神的体现。可以说，中世纪西欧发展出的法治原则和实践为近代西欧法治体系的建立奠定了坚实的基础。

第四，中世纪城市自治和市场经营所发展出来的价值观念，以及商业性法律是近现代法治思想和实践的重要来源。

欧洲中世纪中后期，城市获得普遍的发展和繁荣。在马克斯·韦伯看来，城市创造了自由，它拥有自主权（自治），存在着维护其自由的强大政治力量，市民阶级以及"按照拥有军事独立权的商人行会的方式组织起来的商人与工匠的政治组织"。[1]"在中世纪的西欧，相当多的城市通过与封建领主的谈判或斗争而取得了不同程度的自治权利，但这些自治权利却没有使城市真正独立于封建政权体系之外。"[2]

---

[1] [德]马克斯·韦伯：《儒教与道教》，江苏人民出版社1993年版，第19—20页。

[2] 马克垚：《中西封建社会比较研究》，学林出版社1997年版，第239页。

各种历史诱因综合作用促成了城市的复兴,其中政治因素、宗教因素和法律因素的作用十分重要。宗教和世俗统治者需要城市在军事上为其服务,而且在经济上通过税收、颁发特许状[①]谋取经济利益。最初,相当多的城市是通过宗教宣誓建立起来并且发展出管理城市的法律体系,而后者又推动了城市的发展是宗教和法律因素。在以上诸因素中,由特许状衍生出的权利义务关系和相关法律体系成为城市存在与运转的关键,并对近代法治思想和实践的萌芽产生了深刻的影响。正如马克思所说:法的关系根源于物质的生活关系,要理解法治内涵,我们必须深入到欧洲中世纪王权、教权、贵族阶层与市民运动这四者的历史互动中去,深入到欧洲中世纪的社会经济生活中去才能更好地了解。

第四节 近代法治思想

基督教神学的精神强制,在使欧洲人屈从于神意的同

---

①特许状:实际上是一种王权或教权或封建主与具有一定独立性的城市达成的契约,它是王权、教权或封建主为联合城市以制约对方而给予城市的,或者是城市通过激烈的斗争(甚至是暴力)得来的。

时，也激起了人们对思想自由的憧憬。11世纪末12世纪初的文艺复兴运动，使得欧洲的思想文化主流从神转向人，这一变化促成了以人为本的法治理念的萌生。马克思说："这是一次人类从来没有经过的最伟大的、进步的变革。"但就近代法治思想的形成来说，文艺复兴运动仅仅为其提供了充分的舆论准备和精神条件，启蒙运动才是近代法治思想体系形成的直接力量源泉。

在中世纪之后，西方各国开始进入发展阶段，思想界开始对过去有些半遮半掩的问题进行公开讨论，比如制约权力问题。

一、洛克的法治思想

生活在英国资产阶级革命时代的洛克，是英国现代政治制度的奠基者之一。他的《政府论》就是在紧张的政治与思想斗争中写成的。他是近代英国影响最大的启蒙思想家，而且是对西方政治理论在近现代的发展影响十分深远的人物，美国哲学家弗兰克·梯利认为，"没有一个哲学家比洛克的思想更深刻地影响了人类的精神和制度"。

在其著作《政府论》中，洛克从政治社会和政府的宗旨开始论述,指出"人们之所以联合成国家,接受政府的统治,其重要和主要的目的是保护他们的财产"。他还说,所有这一切都不是为了别的,只是为了人民的安全、稳定和公共利益。要达到这样的目的,必须对政府进行合理的权力配置。他说:"安稳地享用自己的财产是人们进入社会的重要目的,社会中制定法律是实现这一目的的主要工具和途径。"由此可见,运用法律,依靠法律实现社会目的的重要性,为了达到这一目的,他论证到绝对专制权力及没有明确的、长期有效的法律的统治都不符合社会和政府的目的。他强调的所运用大法律必须是"永久性的、成文的、公布过的和人们所共知的法律来管理人民",而不是用"临时性的专制性的法令",并且要求"铁面无私的官员"来根据这些法律解决纠纷。他认为当政府的最高执行权放弃职守,则已经制定好的法律不能再得以执行,就会明显把一切引向无政府状态。从他这些对法律的要求,对执法者的要求可以看出科学、符合社会发展目的的法律与合格的执法者在依法行政、管理国家的过程中起着重要作用。他还从反面论述,法律一经停止,暴政就开始了。"一个没有法律的政府在政治上不可能存在,与人类社会也是不协调的",统治者、治国者必须运用法律来行使权力，没有法律的政府是不可想象的。

洛克在《政府论》中强烈主张国家的最高权力机关"立法机关应该以正式公布的既定的法律进行统治"。"法律的目的不是废除或限制自由，而是保护和扩大自由。这是因为在一切能够接受法律支配的人类的状态中，哪里没有法律，那里就没有自由。这是因为自由意味着不受他人的束缚的强暴，而哪里没有法律，哪里就不能有这种自由。但是自由，正如人们告诉我们的，并非人人爱怎样就可以怎样的那种自由（当其他任何人的一时高兴可以支配一个人的时候，谁能自由呢？），而是在他所受约束的法律许可范围内，随心所欲地处置或安排他的人身、行动、财富和他的全部财产的那种自由，在这个范围内他不受另一个人的任意意志的支配，而是可以自由地遵循他自己的意志。"[1]自由主义法学家哈耶克在他的大作《自由秩序原理》一书"法治的起源"一章中引用了洛克的这段话作为其法治理论的核心。

洛克还认为法律是社会全体成员"共同批准的规则"，也就是说，法律的形成是由人民意志决定的，法律的执行和效力最终也是取决于人民的意志，即法律要得到人民的支持

---

[1]〔英〕洛克：《政府论》（下），商务印书馆1981年版，第36页。

和同意。君主政体凭其个人意志实行专制统治，受一个人的意志的支配，是一切人痛苦的原因。他说，立法权是"最高的能力，社会的任何成员或社会的任何部分所有的一切权力，都是从它获得和隶属的"。立法权既然如此重要，因此，立法机关就必须由公众选择或选派的人员组成，因为它是"来自人民的一种委托权"，并且认为，"公众的普遍信赖"是立法权存在的基本条件。如果失去人民的信赖，不经人民同意，"任何人的任何命令，无论采取什么样的形式或以什么样的权力作为后盾，都不能具有法律的效力和强制性"。除主张权力必须根据法律来行使之外，洛克还坚持法律面前人人平等的原则。

二、孟德斯鸠的法治思想

在洛克之后，法国的孟德斯鸠也曾经研究过法治问题。与同时代的其他思想家相比，可以说他是最博学的法学家，最重要的是他还提出了自己的法理学观念。他不仅提出了最广泛的法律定义——法是由事物的性质产生出来的必然关系，而且还提出了自己的理解法律的方式，即从社会生活的各个方面来理解法律。孟德斯鸠关于法治的思想围绕一个核心就是政治自由，他认为："自由就是能够做他应当做的事情，而不是被强迫去做他不应当做的事情。"[1]孟德斯鸠在分权制衡理论方面论述较为系统，且影响较大，甚至于欧美的近代政治制度也得益于"三权分立"的观念。孟德斯鸠认为自由是法律的重要精神之一，法律应可能地体现自由和保障自由。他在《论法的精神》中着重阐述了自由与法律的关系，并说明它已在英国的法律中建立起来了。

三、卢梭的法治思想

卢梭也是明确主张法治的，并且把是否实行法治作为共和政体的惟一标志。他在《社会契约论》中就表示："凡是实行法治的国家无论它的行政形式如何我都称之为共和国。"卢梭的法治思想大致上包括两个方面的内容，即立法和守法。他主张，任何人都不能摆脱法律的光荣束缚，而且这种束缚不仅仅是严厉的纯粹的限制，它还是温和而有益的约束，有益于人们追求善业。他极力反对分权主张，认为主权是不可分割的，分权则是对主权生命有机体的肢解。

---

[1][法]孟德斯鸠：《论法的精神》（上），商务印书馆1978年版，第154页。

第五节　现代西方法治思想

西方社会进入到垄断资本主义阶段后发生了很大变化，从而深刻地影响了近代以来形成的法治主义原则。许多新的现象出现在法治领域。对此，朱景文教授《社会主义法治论》一书中将现代西方法治不同于自由资本主义法治的特点归纳为8个方面：

其一，西方现代社会普遍加强了国家对社会生活的干预，国家不再只是担当"私有财产守护神"这一被动角色，而是积极参与社会财富的再分配，自由资本主义通行的绝对所有权和契约自由原则被对所有权的限制和标准化契约所代替，从而大大加强了行政权力，甚至行政权力有超越法律而取得至上地位的趋势；

其二，与福利国家的政策相联系，为了缓和阶级矛盾，法律推理日益从以规则和形式法治为中心转变为以目的和政策为中心，由注重"形式公正"转变为重视"结果公正"；

其三，加强法官的自由裁量权，法官判决不再只是受既定的法律规则的限制，相反，国家越来越多地发布一些"不

确定规则"、"任意标准"或"一般条款",从而使执法者有更大的自由裁量权、行动变通性和灵活性;

其四,由于社会法的出现,打破了自由资本主义时期形成的公法和私法的划分界限。一方面,私法公法化,民法不再居于整个法律体系的中心,另一方面,公法也私法化了,国家垄断的产生,国营企业的出现,使国家成为私法活动的主体;

其五,授权立法、行政立法的作用日益扩大,议会立法的中心地位受到削弱,民法典、刑法典等作为基本立法的作用趋于下降,代之而起的是各种单行法和特别法;

其六,随着违宪审查制度的建立和对行政活动监督的加强,一些国家设立了宪法法院、宪法委员会或行政法院,这一方面有利于加强法治,另一方面又削弱了作为西方法治基石的分权原则;

其七,随着保险事业的发展,在刑法和侵权法中体现法治精神的过错原则在某些领域逐步让位给严格责任制原则,只要造成了危害结果,无论主观上是否有过错,都要承担责任。这虽然简化了司法程序,但却弱化了对法律的依赖;

其八,在法律理论上,法学家更重视法外因素对法、法律过程的影响，虽然他们之间有各种不同的观点，但有一点是共同的，即他们都批判严格、僵化的法条主义，批判传统的概念法学，这对现代法治不能不产生重要影响。

现代法治思想的这些变化，使现代西方法治不得不面临一系列重要考验，诸如"依法行政"问题、"法律至上"问题，等等。这些都是对西方传统法治理论提出的怀疑，是现代西方法治发生变化的客观标志。它表明西方传统法治的某些内容确实不再符合变化了的新的社会关系的要求了。不过我们也必须注意，中国是缺乏法治传统的国家，目前我们所处的历史阶段和西方国家不同，我们正需要大力加强社会主义法治建设，"依法行政"、"法律至上"等原则在我们这里不是过头了，而是太缺乏了，中西社会条件、文化背景、发展阶段均不相同，因而所需也不同。不过我们也需要高度警惕，在吸取西方法治经验的同时，也要看到他们的法治发展过程中所面临的问题，前车之鉴后事之师。在研究如何进行法治建设时也要研究在此过程中如何避免西方国家已经走过的弯路。

"当代西方法律制度虽然发生了重大变化，但至少在法律精神上仍然坚持以自由、平等、民主、人权等作为自己的宗旨，西方现代法治并没有完全抛弃传统，与近代法治传统不同的是，近代法治侧重强调形式意义上的法治正义和纯粹法律规则的公平，而现代法治更加重视法律的实质正义和法律实施结果的效能。"[1]因此，概而言之，西方法治的发展轨迹可以用"从形式法治到现代实质法治的转变"来概括。

通过上述对西方不同时期法治理论的梳理，可以看出，法治作为制度运作的原则和方法从古希腊、古罗马时代产生至今已经有了重大的发展和变化。不过，其核心内容依然是法的普遍约束力以及强调法律对权力的制约，体现了与专制的对立。法治是人类文明的重要成果，西方法治思想和制度一直以来都是一脉相承的，西方法治理论对西方社会的发展起到了重要的作用，可以设想，西方法治理论对整个人类法治文明的未来发展也将会产生促进作用。历史的发展也一再证明，实行法治原则，完善民主制度对社会的发展起着重要作用。

然而，我们应当注意到，中国社会在汲取西方法治文明成果时，应重视和克服"水土不服"现象，因为西方的法治

---

[1] 王振东：《中国法治思想的历史追踪》，《社会主义法治论》，法律出版社2002年版。

理论本身也会有内在的局限性，而且有其自身产生的独特的环境和条件。我们不可以照单全收，必须结合我们自身的条件和特点，建设有中国特色的社会主义法治国家。不过任何缺憾都不能成为拒绝人类文明成果包括西方法治文明成果的理由。既然我们已经确立了建设"社会主义法治国家"理想目标，就必须风雨兼程朝着目标坚定前行。

第三章　中国共产党依法治国思想的历史演进

第一节　马克思列宁主义法律理论的宝贵遗产

一、马克思的法律理论

马克思主义对资本主义法律制度的批判和对未来社会法律制度的构想为社会主义法治理论奠定了基础，是我们重要的思想资源。马克思用唯物主义法律观对资本主义的法律制度进行了猛烈的批判，揭露了他们所谓的"科学性、公正性、中立性"的虚伪，为无产阶级夺取政权、推翻资产阶级的统治做了重要的思想准备，对人民群众进行了重要的启蒙。

马克思在对黑格尔法哲学批判中这样说过："我学的

专业本来是法律，但我只是把它排在哲学和历史之次当作辅助学科来研究。1842年至1843年间，我作为《莱茵报》的编辑，第一次遇到要对所谓的物质利益发表意见的难事……为了解决使我苦恼的疑问，我写的第一部著作是对黑格尔法哲学的批判性分析，这部著作的导言曾发表在1844年巴黎出版的《德法年鉴》上。我的研究得出这样一个结果：法的关系正像国家的形式一样，既不能从它们本身来理解，也不能从所谓的人类精神的一般发展来理解，相反，它们根源于物质的生活关系，这种物质的生活关系的总和，黑格尔按照18世纪的英国人和法国人的先例，概括为'市民社会'，而对市民社会的解剖应该到政治经济学中去寻求。我所得到的、并且一经得到就用于指导我的研究工作的总的结果，可以简单地表述如下：人们在自己生活的社会生产中产生一定的、必然的、不以他们意志为转移的关系，即同他们的物质生产力的一定发展阶段相适合的生产关系。这些生产关系的总和构成社会的经济结构，即有法律的和政治的上层建筑竖立其上并有一定的社会意识形式与之相适应的现实基础。

物质生活的生产方式制约着整个社会生活、政治生活和精神生活的过程。不是人们的意识决定人们的存在，相反是人们的社会存在决定人们的意识。社会的物质生产力发展到一定阶段，便同它们一直在其中运动的现存生产关系或财产关系发生矛盾。于是这些关系便由生产力的发展形式变成生产力的桎梏。那时社会革命的时代就到来了。随着经济基础的变更，全部庞大的上层建筑也或慢或快地发生。"[①]在这里，马克思精辟地揭示了法律与社会的关系，为我们认识法律现象的本源，发生和发展规律奠定了理论基础。

同时，马克思对新的社会制度的构想也为我们认识社会主义法的性质提供了基本思路。马克思、恩格斯关于生产的社会性和私人占有性之间的矛盾必然导致剥削做了深入的分析探讨，提出建立公有制的必然性；而对资本主义周期性的经济危机的分析，得出经济必须要有计划按比例地发展的新见解；从人们奴隶般服从于社会分工所导致的人的片面发展得出应该以人的全面发展为替代。

马克思和恩格斯在《共产党宣言》中提出："工人革命的第一步就是无产阶级变成统治阶级，争得民主。"在《哥达纲领批判》中，马克思指出："在资本主义社会和共产主

---

① 《马克思恩格斯选集》第2卷，人民出版社1995年版，第31—33页。

义社会之间，有一个从前者变为后者的革命转变时期。同这个时期相适应的……只能是无产阶级革命专政。"

二、列宁的法学理论

在马克思之后，列宁作为新的历史条件下的马克思主义者，不仅直接领导了世界上第一次社会主义革命，参加了革命实践活动，并且创造性地发展了马克思主义。他提出："如果不愿陷入空想主义，那就不能认为，在推翻资本主义之后，人们立即就能学会不要任何权利准则而为社会劳动，况且资本主义的废除不能立即为这种变更创造经济前提。"①

列宁很重视苏维埃政权的法制建设，他告诫大家，反对资产阶级斗争的中心，应尽快地转移到经济的计算和监督工作上来。随着大规模的、疾风暴雨式的阶级斗争的结束，法制建设的任务必须提到突出的地位。他说，政权愈趋向巩固，民事流转愈发展，愈需要提出加强革命法制的口号。他还强调在建设时期一方面要保证社会主义的方向，另一方面又要学习一切有利于社会主义经济和社会发展的西方先进国家的法律制度。他指示司法人民委员部："在制定苏俄民法

---

① 《列宁选集》第3卷，人民出版社1995年版，第196页。

典的过程中要研究如何能够对一切私营企业无例外地进行监督，并废除一切与法律条文和工农劳动群众利益相抵触的合同和私人契约，从而保障无产阶级国家利益。所以不能盲目迎合欧洲，盲目抄袭资产阶级民法，而要按照我们的法律精神对它作一系列的限制，但不妨碍经济和商业工作。"①

马克思、恩格斯和列宁等马克思主义经典作家对资本主义法律制度的批判，对社会主义法律制度的设想和实践为中国进行法治建设提供了宝贵的思想遗产，是我们进行法治建设的思想渊源和宝贵思想财富。

第二节 毛泽东人民民主专政理论

毛泽东创造性地发展了马克思主义，使得人民民主专政理论第一次在落后的东方大国变成了现实，也为其后的法治思想萌芽奠定了基础。

毛泽东在《论人民民主专政》中指出："历史的经验表明，资产阶级共和国的道路是行不通的……总结我们的经验，集中到一点，就是工人阶级领导的以工农联盟为基础的

---

① 《列宁文集》第40卷，人民出版社1986年版，第41—44页。

人民民主专政。"毛泽东在大规模阶级斗争和社会主义改造基本结束后，提出了正确处理人民内部矛盾的问题，他指出："在这个时候，我们提出划分敌我和人民内部两类矛盾的界限，提出正确处理人民内部矛盾的问题，以便团结全国各族人民进行一场新的战争——向自然界开战，发展我们的经济，发展我们的文化，使全体人民比较顺利地走过目前的过渡时期，巩固我们的新制度，建设我们的新国家，就是十分必要的了。"[1]

毛泽东认为，要坚持人民民主专政，就是对敌人实行专政，对人民实行民主，必须要严格区分和正确处理这两种不同性质的社会矛盾。凡是属于思想性质的问题，人民内部争论的问题，只能用民主的方法、讨论的方法、批评与自我批评的方法、说服教育的方法解决。他说："在人民内部，不可以没有自由，也不可以没有纪律；不可以没有民主，也不可以没有集中。这种民主和集中的统一，自由和纪律的统一，就是我们的民主集中制。在这个制度下，人民享受着广泛的民主和自由；同时又必须用社会主义的纪律约束自

---

[1] 毛泽东：《关于正确处理人民内部矛盾的问题》，《建国以来毛泽东文稿》第6册，中央文献出版社1992年版，第317页。

己。"①与人民民主专政思想一致的是毛泽东的人民民主法制思想。"建立一个依靠人民、方便人民，为了人民的社会主义法律制度是毛泽东一生所追求的目标。"②为此，毛泽东还亲自主持制定了新中国的第一部宪法，明确地把民主原则和社会主义原则作为我国宪法的基本原则。毛泽东历来主张走群众路线，他还是人民调解制度的倡导者，主张司法为民。他指出："司法也该大家动手，不要靠专问案子的推事、审判员。群众路线是根据地司法工作的最基本方针，贯穿司法工作的各个环节。"

在贯彻宪法的过程中，毛泽东特别强调原则性和灵活性相结合的特点，他指出："宪法既要坚持社会主义经济的主导地位，又规定私人经济的合法性；既规定共产党的领导，又确定和各民主党派的合作；既规定公民广泛的民主权利，又承认这些权利尚受物质条件的限制；既规定法律的全国统一性，又规定各少数民族地区可以制定符合本民族特点的自治条例和单行条例。所有这些都在基本制度层面体现了中国特色社

---

①毛泽东：《关于正确处理人民内部矛盾的问题》，《建国以来毛泽东文稿》第6册，中央文献出版社1992年版，第321页。
②朱景文：《法理学专题研究》，中国人民大学出版社2010年版，第7页。

会主义的雏形。"毛泽东的上述思想是建国初期法制工作在经验层面的总结，是日后我国的法治建设的宝贵思想资源。

第三节　邓小平民主与法制思想

中国共产党第十一届三中全会的召开，标志着我们国家的法治建设进入一个新的阶段。全会的公报指出："为了保障人民民主，必须加强社会主义法制，使民主制度化、法律化，使这种制度和法律具有稳定性、连续性和极大的权威，做到有法可依，有法必依，执法必严，违法必究。"公报还提出："宪法规定的公民权利，必须坚决保障，任何人不得侵犯；要保证人民在自己的法律面前人人平等，不允许任何人有超于法律之上的特权。"[1]在此阶段的最重要的理论成果就是邓小平理论。"邓小平的民主法制思想是邓小平理论的重要组成部分，他把法制建设提高到了前所未有的高度，是中国特色社会主义理论形成的重要标志。"[2]如果要用一句话

---

[1] 中共中央文献研究室：《三中全会以来重要文献选编》（上），人民出版社1982年版，第11页。

[2] 朱景文主编：《法理学专题研究》，中国人民大学出版社2010年版，第8页。

来概括邓小平法制理论的精神实质的话，那就是："发展社会主义民主，健全社会主义法制。"这是邓小平法制理论的核心。

邓小平在《解放思想，实事求是，团结一致向前看》的讲话中提出了新时期法制建设的理论纲领："为了保障人民民主，必须加强法制。必须使民主制度化、法律化、使这种制度和法律不因领导人的改变而改变，不因领导人的看法和注意力的改变而改变。"这一提法首先在理论上指出了制度建设的重要性，为我国政治体制改革奠定了理论基础。

邓小平还特别重视制度建设在处理新时期不同性质的矛盾中的重要性。他强调："历史经验证明，用大搞群众运动的方法，而不使用透彻说理、从容讨论的办法，去解决群众性的思想教育问题，不是用扎扎实实、稳步前进的办法，去解决现行制度的改革和新制度的建立问题，从来都是不成功的。"

在社会生活领域，邓小平不仅十分重视法制建设本身，而且还很注意从提高全民族的全面素质方面来加强法制。十二大明确提出了社会主义精神文明是社会主义现代化建设的重要组成部分，提出了"要在全体人民中间反复进行法制的宣传教育,从小学起各级学校都要设置有关法制教育的课程,努力使每个公民都知法守法"。十二届六中全会通过的《中共中央关于社会主义精神文明建设指导方针的决议》根据邓小平的有关论述提出:"加强社会主义民主和法制的建设,根本问题是教育人。"

1992年邓小平在十四大召开前的南方谈话中提出:"计划多一点还是市场多一点,不是社会主义与资本主义的本质区别。计划经济不等于社会主义,资本主义也有计划;市场经济不等于资本主义,社会主义也有市场,计划和市场都是经济手段。"这些论述,在马克思主义发展史上首次阐明了社会主义也可以搞市场经济,是对马克思主义理论的重大突破,从根本上破除了把计划经济和市场经济看作属于社会基本制度范畴的框框。至此,在1992年10月的十四大上确定了我国经济体制改革的目标模式是要"建立社会主义市场经济体制"。

这一目标的确立直接为依法治国的提出给出了重要的理论和实践上的支持,之所以这么说,首先是因为"市场经济在一定意义上就是法治经济。社会主义市场经济的建立可以为法治的形成奠定经济体制方面的基础,而社会主义法治又是发展市场经济的客观需要和保障"。[①]其次是因为法治与市场经济也有着必然的联系。市场经济所要求的是严格依法办事的法律原则和制度。最后是因为市场经济具有自主、平等、竞争、开放、统一和有序的属性，所以市场的正常运行就一定需要具有普遍、明确、稳定和强制特性的行为规范的法律来保障，法律可以对多元市场主体的资格加以确认，对自由竞争的市场行为予以规范，对公平的市场秩序和统一市场的形成予以疏通，同时，法律还可以克服市场经济自发盲目的运行所带来的弊端。实践表明：市场经济需要公正、公开、公平的法治条件。

总之，从十一届三中全会开始，党开始对国家生活的各个层面全方位地进行社会主义法制建设和完善，从而为以后提出"依法治国，建设社会主义法治国家"奠定了思想理论和法律制度的基础。

[①] 朱力宇：《从健全社会主义法制到依法治国——论三个代表重要思想对邓小平法制理论的继承和发展》，《海南大学学报人文社会科学版》2005年第2期。

第四节 三个代表重要思想与依法治国

以江泽民为核心的党中央领导集体继承和发展了前人的理论成果，提出了"三个代表"重要思想和"依法治国，建设社会主义法治国家"的重要方略，这些思想是当代实践和时代精神的结晶，是在总结中国共产党长期奋斗的经验和世界社会主义的实践基础上，着眼于现实需要和未来发展而提出来的，集中反映了当代中国和世界的发展变化对党和国家各项工作的新要求。

"三个代表"的表述有着科学的内涵和逻辑关系，其核心在于实现最广大人民的根本利益，这与社会主义法治国家的基本要求和本质特征不谋而合。坚持"三个代表"重要思想是推进依法治国，建设社会主义法治国家的内在要求和政治保证，依法治国又是实现"三个代表"重要思想的重要途径和重要的制度保障。

在1997年党的十五大上，江泽民提出："我国经济体制改革的深入和社会主义现代化建设跨越世纪的发展，要求我们在坚持四项基本原则的前提下，继续推进政治体制改革，进一步扩大社会主义民主,健全社会主义法制,依法治国,建设社会主义法治国家。"他还指出:"依法治国,就是广大人民群众在党的领导下,依照宪法和法律规定,通过各种途径和形式管理国家事务,管理经济文化事业,管理社会事务,保证国家各项工作都依法进行,逐步实现社会主义民主的制度化、法律化,使这种制度和法律不因领导人的改变而改变,不因领导人看法和注意力的改变而改变。依法治国,是党领导人民治理国家的基本方略,是发展社会主义市场经济的客观需要,是社会文明进步的重要标志,是国家长治久安的重要保障。"

1998年3月第九届全国人民代表大会第一次会议以宪法修正案的形式,将"依法治国,建设社会主义法治国家"的治国基本方略和奋斗目标载入我国的宪法中。这一治国方略和目标的正式提出,不仅标志我国社会主义法制建设发展到一个新的阶段,也使马克思主义法学和邓小平法制理论在新时期得到了丰富和发展。

依法治国是中国共产党人治国的方略,也可以说是治国的思想和理论。这一治国理论系统地阐述了治国的性质、主体、制度、目的等一系列重大问题,基本形成于以邓小平为核心的党中央领导集体，在党的十五大上作为党领导人民治理国家的基本方略提出。"三个代表"重要思想则是马克思主义在当代中国发展的最新成果，是以江泽民为代表的中国共产党人集中全党智慧，以马克思主义的巨大理论勇气进行理论创新而逐步形成的科学理论。胡锦涛在"三个代表"重要思想理论研讨会上的讲话中提到："这一科学理论既着眼于党的自身建设，又横贯建设中国特色社会主义的所有领域，用一系列紧密联系、相互贯通的新思想、新观点、新论断、进一步回答了什么是社会主义和怎样建设党的问题，表明了我们党对共产党执政规律、社会主义建设规律和人类社会发展规律的认识，达到了新的理论高度，开辟了马克思主义发展的新境界。"

第五节 "科学发展观"与依法治国

以胡锦涛为代表的党领导集体根据我国社会主义建设的新情况，提出了"依法治国、执法为民、公平正义、服务大局、党的领导"为主要内容的法治理念，这是从马克思主义法律观的高度对社会主义法治理论的概括，也是对中国传统法律文化优秀遗产的继承。

2002年12月24日,在《几年宪法公布实施20周年大会的讲话》中,胡锦涛指出:"二十年的经验还告诉我们,改革开放和社会主义现代化建设的蓬勃发展,是宪法得以充分实施和不断完善的根本原因。实践没有止境,宪法也要随着实践的发展不断完善。要适应改革开放和社会主义现代化建设的发展要求,根据实践中取得的重要的新经验和新认识,及时依照法定程序对宪法的某些规定进行必要的修正和补充,使宪法成为反映时代要求、与时俱进的宪法。"

立足于新的历史时期,面对新的问题,胡锦涛提出了以人为本的"科学发展观",这一思想是"建立在马克思主义世界观和方法论的基础上的具有全局性的伟大战略,是中国共产党人创造性运用马克思主义世界观、方法论,解决中国发展问题的新思想,是马克思主义中国化又一重大成果,是马克思主义与时俱进的理论品格的又一生动体现,具有划时代的意义。"[①]

科学发展观从中国实际出发,用马克思主义的世界观与

---

①李龙:《科学发展观的法学解读》,《湖北民族学院学报哲学社会科学版》2007年第2期。

方法论，科学地回答了"新世纪、新阶段中国面临的为什么要发展？为谁发展、靠谁发展、怎样发展等一系列重大理论和实践问题，深刻揭示了中国社会主义现代化建设的发展模式、发展道路、发展战略、发展目标、发展手段等关于发展的基本理念和科学内涵"[①]。

"以人为本"是科学发展观的关键和核心，也是依法治国的根本原则。科学发展观的基本内涵概括为坚持以人为本，树立全面、协调、可持续的发展观，促进经济社会和人的全面发展。以人为本，就是要把人民的利益作为一切工作的出发点和落脚点，不断满足人民群众日益增长的物质文化需要，切实保障人民群众的经济、政治和文化权益，让发展的成果惠及全体人民。要达到这一目的必须以法治为中心，构建一个秩序井然、公平公正、人民的权利得到充分保障、人人能够安居乐业、和睦相处的社会。只有依法治国，加强法治，才能贯彻落实科学发展观，保障社会有秩序地运行，确保社会和谐稳定、国家长治久安、人民享有殷实安康的生活。

落实科学发展观和法治社会的目标及价值基础也是一

---

① 李龙：《科学发展观的法学解读》，《湖北民族学院学报哲学社会科学版》2007年第2期。

致的。科学发展观的本质和目标是以人民群众的利益和意愿为本，根本目标是建设高度文明、富强的现代化国家。科学发展观要求以最小的环境、资源、人力成本取得最大发展成果，让人民群众得到更多实惠。法治社会的目的是人民当家做主，使国家的权力都规范在法律框架内，从而实现社会的民主、自由、正义。其根本目的也是为了人的全面发展，所以在依法治国的各个环节必须从人民的根本利益出发，切实实现好、维护好、发展好我国各族人民的利益，尊重与保障人权，实现公民的各项权利。

第六节　依法治国思想演进的脉络

马克思主义旺盛的生命力在于它不是偏狭顽固、万古不变的教条，而是不断随着实践发展而发展的科学。同样，马克思主义的法律思想也必然随着实践的发展而发展。总结上述各个时期的法治思想，我们可以看到中国共产党法治思想经历了这样一条演进路线："从革命的法律观到秩序法制观再到治国方略法治观的转变；在对法的作用的认识上经历了从法是阶级专政的工具转向法是社会利益调整的手段；从依政策治国转向依法治国；从法律虚无主义转向法律权威主义；从义务本位的法转向权利本位的法；从权力至上转向法律至上等的变化，反映了我们党在法治思想不断走向完整与成熟"[1]。

马克思和恩格斯创立了马克思主义法律理论，他们运用辩证唯物主义和历史唯物主义，深刻地分析了法律现象，科学地揭示了法律产生和存在的社会条件、法律的本质及其发展规律，使人们对法律的认识第一次真正建立在科学的世界观和方法论的基础之上。

马克思和恩格斯关于法学的这些基本原理为我们认识法律现象提供了方法论基础。但是，他们并没有涉及社会主义国家的法律问题。一是因为在他们看来，法律的产生、存在和发展是与私有制、阶级、商品交换关系和国家的出现分不开的。在推翻资本主义社会之后建立的社会主义社会是以社会共同占有生产资料为基础的，不存在阶级和阶级差别，不存在商品交换关系，作为阶级统治工具的国家也将消亡。因此，他们没有也不可能谈到社会主义时期的法律问题。二是

---

[1] 李瑜青、冯梦成：《从革命法制观到治国方略法治观——中国共产党90年法治思想发展的探索》，《学术研究》2011年第9期。

马克思主义简明读本

因为当时历史条件的局限性，巴黎公社作为第一个无产阶级的革命政权存在的时间很短，并没有在法制建设方面提供更多的经验，他们不愿意也不可能脱离实践去空想，"这就使得社会主义法律成为一个没有现成的明确答案而有待于后人探索的问题"[①]。

列宁亲自领导了俄国十月社会主义革命，创建了第一个无产阶级专政的社会主义国家。他既是第一个社会主义国家的缔造者和领导者，也是社会主义法制实践的开创者。他的法律思想是俄国社会主义法制建设经验的深刻总结。列宁深化了马克思主义法律思想，对马克思主义法律理论有了新的创新和发展。然而，由于时代局限性，和客观条件的限制，他没有能够进一步阐述和发展社会主义法制理论。"列宁逝世后，斯大林作为苏联党和国家的主要领导人，对社会主义法制建设既有贡献也有破坏，又由于所建设的社会主义模式的不成功，因此在社会主义法制理论方面的建树也是有限的。"[②]

以毛泽东为核心的中国共产党人，把马克思列宁主义

[①]张福森：《社会主义法制理论读本》，人民出版社2002年版，第42页—52页。

[②]严厉：《马克思主义法律思想的发展与创新》，《法治论丛》2006年第3期。

的基本原理同中国实践相结合，在几十年的新民主主义革命和社会主义建设过程中，卓有成效地进行了一系列民主法制实践，创造性地提出了中国社会主义法制的基本理论。毛泽东在领导中国革命和建设实践中，在法制建设方面进行了可贵的探索，形成了自己丰富的法律思想，既具有重要的理论启示意义，也有着深刻的历史教训。如果用一句话来概括毛泽东法律思想的话，那就是：社会主义法律工具论的"法律观"。

邓小平的"法制观"是对毛泽东革命的"法律观"的继续。邓小平法制理论是中国共产党人法治追求的科学总结，是社会主义法制建设的新经验、新创造的总结和升华。这一时期，他注意到了制度建设的重要性。马克思恩格斯根据唯物史观考察了资本主义社会的法律和资本主义以前的法律，科学地揭示了阶级对立社会中的法的本质——法的阶级意志性。但是后来法的阶级意志性被绝对化、简单化地套用于社会主义国家的任何一个时期，进而将法的阶级意志性作为法的惟一本质属性，法的阶级意志性又被归纳为阶级斗争工具和实现政治统治的工具和手段，忽视了法在经济文化建设中的基本功能。邓小平从我国所处的历史阶段——社会主义初级阶段的国情出发，提出在社会主义初级阶段，要把集中力量发展生产力摆在首要地位，这就决定了我国社会主义法的根本任务是发展生产力。深化了马克思主义对社会主义法的本质的认识。他还深刻总结了我国和其他社会主义国家历史上发生的破坏民主法制的教训，阐明了民主与法制的辩证关系。

邓小平在新时期把人民民主专政作为四项基本原则之一，结合新时期特点，继承、丰富、发展了毛泽东人民民主专政理论的内容。邓小平在总结社会主义国家民主法制建设的经验教训的基础上，全面概括了社会主义法制的基本要求，即有法可依，有法必依，执法必严，违法必究。总而言之，邓小平在总结中国共产党治国经验的基础上，阐述了加强社会主义法制建设和依法治国的重要性，开创了中国反对人治、励行法治的新局面，为以江泽民为核心的党中央领导集体最终确立"依法治国，建设社会主义法治国家"的目标作了思想和理论准备。

以江泽民为核心的党的党中央领导集体的治国方略的"法治观"，是"在前两代领导集体的正确思想基础上，对马克思主义法律思想的重要理论创新和制度创新的实践结晶。"①依法治国，建设社会主义法治国家作为治国方略，在理论方面系统完整，呈现出继承性、科学性、发展性的特点。在邓小平的法制理论中，虽然没有直接关于"依法治国，建设社会主义法治国家"的提法，但是，在这一法制理论中实际已经包含和孕育着依法治国的深刻思想，两者是一脉相承的。就科学性而言，"依法治国，建设社会主义法治国家"的治国方略和目标，符合建设中国特色社会主义事业的客观要求。就发展性而言，"依法治国，建设社会主义法治国家"的治国方略和目标是在新的历史条件下对邓小平法制理论的丰富，而且也将在我国社会主义法制建设的实践中不断推向前进。

以胡锦涛为代表的党领导集体，从社会主义现代化建设事业新的形势下，在认真总结我国法治建设实践经验，借鉴世界法治文明成果的基础上，又明确地提出了科学发展观，并在此基础上作出"牢固树立社会主义法治理念"的重大决策社会主义法治理念是科学的、先进的法治理念，为当前和今后建设社会主义法治国家提供了正确的思想指南，是社会

---

①严厉：《马克思主义法律思想的发展与创新》，《法治论丛》2006年第3期。

主义法治的精髓和灵魂，是立法、执法、司法、守法、法律监督等法治领域的根本指导思想。体现了党的领导人民当家做主和依法治国的有机统一，是对依法治国理论认识上的一大飞跃和新贡献。

第四章 实施依法治国的内在依据

人应当服从某个人或某群人的意志，还是服从正义的法律的统治？这是人类自共同生活以来就一直在严肃思考着的问题。如果答案是前者，那么人将处于被奴役的状态，而如果答案是后者，人才可能享有自由。

讨论法治，我们首先需要回答或者说不可绕过的问题就是：为什么法治优于人治或其他治理国家的方式？其实，一直到近代晚期都有人主张，君主一人的统治是最优良的，其道理在于，如果这个人比较圣明，那当然会比法治更有效率地造福于全体民众。人们也很快发现，大概没有什么人能做到全知全能，也不可能会做到完全大公无私，而这两个条件正是人治所能发挥最佳作用所必不可少的因素。因而，人们选择法治。因为完全法治带来的正面效应虽然不如完美人治所带来的正面效应，然而其负面影响却是远远小于人治所带来的负面效应。因此，历代贤人、智者都在探讨法治的奥秘，他们从不同的角度探讨了实行法治将给人类带来何种利益。大体来说，实行法治有利于人类形成秩序，有利于实现自由与民主，有利于保护人权，从而有利于社会公正。

第一节 法治与秩序

一、秩序何以重要

古人云：没有规矩，不成方圆。我们居住在一个竞争激烈的社会中，在竞争的压力下，一切原始的规则、习惯都变化莫测，这种状况又很容易导致社会失序。因此，在这样一个人们既相互依赖又存在矛盾的社会中，为了维持一定的社会秩序，开展正常的社会生活，减少对立和冲突，人们就必须通过各种方式协调自己的社会生活，处理矛盾和冲突。

心理学也表明，有序的生活方式比杂乱的生活方式更利于人们的生存。著名心理学家马斯洛指出：我们社会中的大多数成年人都倾向于安全的、有序的、可预见的、合法的和有组织的世界。这种世界是他所能依赖的而且在他所倾向的这种世界中，出乎意料的、难以控制的、混乱的以及其他诸如此类的危险事情都不会发生。

对秩序的需求是人类的本性。因为秩序是人类一切活动的必要前提。从古至今，帮助实现秩序的社会规范有很多，例如习俗、礼仪、道德等。但是法律才是最有效、最系统、最普遍的规则，因而法治对建立和维护社会秩序而言是非常重要的。法治是秩序的象征，又是建立和维护秩序的手段。

二、法治与秩序

法治的目的就在于建立一个人人共存、遵循统一规范的社会秩序。法治在建立和维护秩序中主要有如下几种功能：

第一，建立和维护统治秩序。在阶级社会中，最根本的冲突是阶级冲突，它构成了对社会秩序的严重破坏，为了使得社会各个阶层能和谐共存，必须把他们之间的冲突控制在秩序范围内。因此，国家通过自己的权力系统和规则体系建立秩序，把一个阶级对另一个阶级压迫合法化、制度化，把阶级冲突保持在阶级统治的利益和社会存在所允许的范围之内。"以法律作为工具，将阶级关系纳入秩序的范围，使得阶级冲突和阶级斗争得到缓和，这是统治阶级长期统治经验积累的结果，它比直接的暴力镇压高明得多。"[1]

第二，是建立和维护社会生活秩序。法治能带给我们很多美好的价值，例如安全、自由、正义、人权、民主等，其中秩序是最基础的价值。只有满足了秩序的需要，其他各种价值才有实现的可能。所以，建立和维护正常的社会生活所需要的秩序是非常重要的。

为此，法律的任务主要有以下三项：首先，为社会成员的人身安全提供保障。使得社会成员不至于把所有的精力都消耗在自卫上。其次，为社会成员规定明确的权利和义务，以及权利的界限和义务的边际。由于人类的资源是有限的，而人类的欲望则是无限的，这个事实决定了人们之间将不断地产生因争夺资源而引发的冲突。因此必须通过法治，用法律的手段设定社会成员之间的权利义务关系。正如我国古代思想家荀子在《荀子·礼论》中所说的那样："人生而有欲，欲而不得，则不能无求；求而无度量分界，则不能不争。争则乱，乱则穷。先王恶其乱也，故制礼义以分之。"最后，用文明的诉讼程序替代野蛮的暴力复仇，用和平的方

---

[1] 张文显主编：《马克思主义法理学》，高等教育出版社2003年版。

式解决社会成员之间的争端。在原始社会，氏族内的一切争端和纠纷"都由当事人自己解决，在大多数情况下，历来的习俗就把一切调整好了"[1]。但这种解决是用充满血腥的暴力复仇方式进行的，这种暴力往往没有限制，最严重的可以导致一个氏族或者部落的灭绝。国家产生之后，国家在建立阶级压迫的同时，也为公力救济私人之间的纠纷设立了必要的程序，人类开始步入文明的社会。可以说，用公力救济取代私力救济的法律程序是人类文明社会对争端解决方式的最佳选择。可以确定的是，在当今时代，法律秩序作为社会秩序的核心范畴已经为学者和学界所肯定。法律秩序能够帮助人们理解复杂而混乱的外部世界，从而在相当程度上使人们免于面对不愉快的意外和难以恰当处理的复杂情形。

第三，建立社会生产和交换秩序。"在社会发展的某个阶段，产生了这样一种需求，把每天重复着的生产、分配和交换产品的行为用一个共同规则概括起来，设法使个人服从生产和交换的一般条件，这个规则首先表现为习惯，后来便成了法律。"[2]恩格斯的这段话既阐明了法产生的根本原因，

---

[1]《马克思恩格斯选集》第4卷，人民出版社1995年版，第95页。
[2]《马克思恩格斯选集》第3卷，人民出版社1995年版，第211页。

也阐明了法律的根本社会价值，即建立生产和交换秩序，使得生产和交换摆脱偶然性和任意性。在当今时代，法律秩序作为社会秩序的核心范畴已经为学者和学界所肯定。法律秩序能够帮助人们理解复杂而混乱的外部世界，从而在相当程度上使人们免于面对不愉快的意外和难以恰当处理的复杂情形。法律秩序亦有助于个体应付在其不能驾驭生活时所怀有的种种焦虑和不安。法律秩序所具有的明确、务实的价值可以指引人们的行为，可以用系统和组织化的制度来安排社会秩序，进行规范表达，法律秩序是理性和文明的意识支撑和思想承载。

三、法治是和谐社会的必然要求

和谐社会是个体与个体之间的动态关系得到很好协调的社会，也必然是有着良好秩序的社会。中国自古以来都有关于和谐社会的理想。21世纪初期，中国共产党明确提出要构建和谐社会的任务，和谐社会是一个"民主法治、公平正义、诚信友爱、充满活力、安定有序，人与自然和谐相处的社会"。和谐社会与法治国家之间的关系也需要我们不断地探索。我们认为，和谐社会必须是依法运行、规范和规制国家权力的社会,而对于国家权力的运行、规范和规制都需要法治来完成。国家权力受到法律制约的国家才符合法治国家的形式要求,而这是社会和谐的前提和基础。应该说,法治国家是和谐社会的政治法律基础,法治国家以和谐社会为理想目标。

和谐社会要实现和谐目标,必须推行法治。秩序是法治国家与和谐社会共同的基础价值。对于秩序的追求,法治国家和和谐社会是一致的,法治国家一定要建立良好的社会秩序状态,任何社会的法或者法治所追求的都是秩序化的社会状态,因而可以说法治的最基础的价值就是秩序。法治对于人性的张扬、权利的保障以及社会的繁荣具有根本性的价值。良好的法治在社会现实中的最佳状态就是良好的秩序状态,和谐社会正是良好的社会秩序的反映与概括。可以预见,在法治秩序得以充分展现的时代,必将是一个民众幸福、社会安宁、国家昌盛、世界和谐的美好社会!

第二节 法治与自由

自从人类社会诞生以来,人们就为争取自由而不断地努力着，为了自由，不惜一切，甚至抛弃生命。自由是迷人的，是人类存在着就不断追求的一种美好状态，很多人说：不自由，毋宁死。匈牙利诗人裴多菲也曾说："生命诚可贵，爱情价更高。若为自由故，两者皆可抛。"人类生来就在为自由而战，为自由而生活，为了自由而斗争。亚当和夏娃在伊甸园里虽有万种自由，但是却有不能吃智慧树上的果子的限制，因蛇的诱惑而吃了智慧树上的果子，这种新的自由的诱惑使他们产生了新的向往和追求，于是有了上帝的叛逆者——亚当的子孙。原始人为了生存的自由，筑物引水，驯服野兽，刀耕火种，于是有了新的自由。在阶级社会中，人们为了摆脱压迫、获得自由，进行了一代又一代的拼死斗争，这些都是人们追求自由的英勇行为。

纵观人类社会的发展过程，人们无时无刻不在争取自身意志与行为的自由。而当自由与法治联系在一起的时候，似乎法的规则便会无情地对自由加以约束。事实上，恰恰相反的是，正是因为法的一系列规则的存在才给了自由以最大的活动空间，法的规则的约束保证了自由的存在与充分行使，而不是限制束缚了人的自由。

但同时，自由也决不能绝对化，绝对化的自由是没有任何意义并且是非常可怕的。个人的绝对自由同社会或国家的绝对自由都会最终酿成不自由的后果：提倡个人的绝对自由忽略了人类作为一个整体的自由的实现，每个人的绝对自由之间势必会产生冲突，这种冲突最终会使得人类战争不断，最终会使个人的基本生命自由和财产自由也难以保障；而提倡整体性的绝对自由又会形成一种为所欲为的专权，在国家中的体现就是专制主义，在这种社会专制状态下的生活着的个人，自由难以保障，总是被要求服从更高者的利益，使得个人自由非常容易遭受戕害。由此可见，绝对的自由实际上不能实现真正的自由，甚至可以说绝对的自由就是绝对的不自由。而对自由的限制与约束并不是法的规则对自由本身直接发生作用，而是通过限制与约束原本不是自由的东西而保证真正的自由的实现。举例来说，我们每个人都生活在一个社会共同体当中，我们不但作为一个自由的个人生活，还必要考虑到作为国家和社会的正常运作，因为只有国家和社会能够给予我们法的保障，才能够使得我们获得自由安全的生活，若是没有法的规则和限制，人人都是绝对自由的，那么个人与个人之见的绝对自由就有可能相互侵害，最终使得人本有的基本自由权利，例如生命权、财产权，也难以实现，可以说只有自由和法治之间形成一个良好的关系，才能够保障每个人自由的最大实现。

不可否认的是，人们对自由的不同理解对于认清自由与法治的关系是一个巨大的障碍，因此想要明确法治与自由的关系，并且在此基础上实现法治与自由两者的互相影响，明确自由的涵义至关重要。

从词源学上来看，在中国现代汉语中"自由"一词的意思是指：不受拘束和限制地随着自身的意愿而行动；西方的古拉丁语中，"自由"一词的涵义是从束缚中解放出来，主要是指自主、自立、摆脱强制，意味着人身依附关系的解除和一种人格上的独立。进入现代后，自由在英语中有两个词来表达，分别代表了消极和积极的自由含义，即"人具有不被强迫的自由"和"人具有按自己意愿行事的自由"。自由作为人类生活的一个基本价值，它要求人们对于它的保存，必须付出不懈的努力与智慧，以达到消极与积极两种境况的平衡。当积极性的自由走过头的时候，需要倡导消极的自由，以防止过分的自我实现转变成自由的敌人；反过来当消极性的自由走过头的时候，同样需要倡导积极自由，以防止私人的自我沉溺为强权留下放肆活动的空间。

从法的价值角度而言，自由意味着法以确认、保障人的这种行为能力为己任，从而使主体与客体之间能够达到一种和谐的状态。在法和自由的关系中，自由居于法的价值的最顶端，与秩序、正义效率、利益等共同构成法的价值的诸多方面。由此可见，自由与法治是不可分离的，法治是自由的前提和保障，自由是法治的表现和产物，无法治就无自由。因此，数千年以来，人类苦苦对自由、民主、平等和正义的追求与争取，实质上就是在追求和争取法治。从一定程度上讲，自由是一种理想，是较为抽象的，而法治却是现实，是具体而生动的。人类通过艰苦的劳动和斗争，甚至是流血和牺牲而最终造就的具体而现实的法治天堂，为人类在最大限度的状态下充分享受人间天堂的生活的自由与幸福提供了实现这种抽象的理想的必要条件，自由在法治的怀抱中得以生存。

那么，为何单单是法治对自由的实现具有这样的作用而非其他呢？因为，法的规则及其制度确保了社会处于一种有序的状态，在有规范与约束的条件下，人的意志与行为便获得自由。人类的任何活动都是在一定的社会状态下进行的，法治条件下的社会状态，由于法的规则及法律制度的健全与权利的合理分配和相互制约，充分保证了人们的行为能够尽可能地在现有规则的规范与约束的范围内进行，因此，在这规则的范围之内，人的意志与行为便是自由的，如果没有这种规则的有效规范与约束，人们的活动就会处于一种毫无秩序的极度混乱状态。在那样的情况下，人与人之间剧烈的无约束的矛盾与冲突时刻侵蚀着人的意志与肉体，处处都是可怕的桎梏与枷锁，显然，哪能有自由而言呢？因此可以说，只有法治才是自由得以充分实现的最好保障，除此之外，其他任何形式的社会状态，无论是封建的专制独裁，还是无法无天的空想自由，都不是对自由的保障，而是对自由的扼杀。

自由在法律中的确认，为人们行使自由和权利提供了条件，但是，它只是人们自由的一种可能性，要使这种自由的可能性转化为现实性，要使自由成为人们享有的实在的权利，就必须实行法治。而以自由为一般目的的法治，其最佳状态就是和谐。这种建立在法治基础之上的自由与和谐，从完全的意义上反映了现代国家的特征——在规则的约束与调整之下的自由与和谐。这种和谐的法治就是在法及其司法体制健全的情况下，在完全地服从于和体现了社会的整体利益与群体意志的前提条件下，能最大限度地充分发挥个人的意志与行为的自由的一种社会状态。正如学者王靓华在其《法治的自由与和谐》中所言，"法治国家，是人类历史及迄今为止人们所追求和实践的最现实、最有效、最能产生社会效益、最能促进和保护社会经济发展的一种国家体制。法治国家的优越性，最根本的在于这一国家的任何个人或组织的行为都在最大限度上实现了自由，而这一自由的实现，都是以严格遵守法律为前提条件的。其根本特征，就是国家奉行法律至上的基本原则，国家生活中的立法、行政、司法等活动，都是完善、有效运作、相互制约的。整个国家机关都是在为改善和提高社会经济的发展进而最大限度地满足人们的物质文化生活需要所服务的。每个人都有发表意见的权利，自由与民主的充分性，体现了国家的法制性"。

当前，我国法治的水平还有待进一步提高。可以从某种程度上这将会对人民自由权利的实现形成一定妨碍，又可能对我国政治、经济、文化等的健康发展形成一定影响。因而只有加强法制建设，实现依法治国，严格进行法治，坚持有法可依、有法必依、执法必严、违法必究，才能确保人民享受法定的实在权利。

建国以来，我国制定了一批社会主义法律，立法者在社会经济结构转型时期以惊人的速度颁布了大批法规，对以法律确认和保护人民的各项自由权利起到了重要作用。但这不意味着关于自由权利的立法已相当完善。马克思说："应当认为没有关于出版的立法，就是从法律领域中取消出版自由。因为法律上所承认的自由在一个国家中是以法律形式存在的，因此出版法就是出版自由在法律上的认可。"因此，其他的自由权利也需要相应的法律来确认。而这方面我国还存在着立法落后于现实的情况，这反过来又影响着人们自由权利的实现。

因此，要加强立法工作，提高立法质量，这就要求：第一，注意立法的时代性。马克思说："权利永远不能超出社会的经济结构以及由经济结构所制约的社会的文化发展。"自由作为一种法定权利同样如此。如我国的经济条件和人口状况，使我们还不能完全实现居住自由与迁徙自由。我国立法应充分考虑我国的实际情况。

第二，注意立法的逻辑性。马克思说："自由的一种形式制约着另一种形式，正像自由的某一种形式受到了排斥，也就是整个自由受到了排斥——自由的存在注定要成为泡影。"正因为自由诸形式之间存在着这种密切联系，因此立法者在制定法律时必须合乎逻辑，不能在同一部法律中前后不一致，也不能在不同的法律中对各种自由的规定互不协调。

立法的完善并不意味着人们一定能获得实在的自由权利，因为"自由的法律"在司法中也可能导致法律上的专断。因此，自由对法治的要求不仅表现在立法上，而且表现在司法上。恩格斯说："一切自由的首要条件：一切公务人员在自由的一切职务活动方面都应在普通法庭上按照一般法律向每一个公民负责。"只有当权力为了实现公民的自由，依据法律程序并依照法律规定行使时，规范意义上的自由才成为现实的自由，权力的合法实现是自由由可能性转化为现实性的桥梁。这就要求一切行政机关都必须依法行政，切实保障公民权利，实行执法责任制和评议考核制。推进司法改革，从制度上保证司法机关依法独立公正地行使审判权和检察权，建立冤案、错案责任追究制。

自由权利的实现不仅有赖于权力的合法实现，而且有赖于公民法律意识的提高。人们的法律活动都是在一定的法律意识支配下进行的。现实生活中存在的特权观念，单纯权利或单纯义务观念阻碍着人们自由权利的实现。因而深入开展普法教育、增强人们的法律意识、树立人们的权利义务相对应的观点,是非常重要的。

"法治与自由的关系实质上包含两大方面:自由基础上的法治与法治保障下的自由。历史和逻辑都告诉我们:自由从来不可能与人治、专制、独裁、暴政联姻,它是它们的天敌,而是民主法治的精髓、灵魂和根基,民主法治不过是自由在政治和制度上的表现。在我们这样一个有着几千年封建史、文化精神中缺乏自由精神因而也就缺乏民主、法治传统的国度里,作这样的强调更具有一份特别的意义。"①

第三节 法治与民主

"民主这个词在历史上最早出现在希腊文里,是由人民和统治两个词构成的,意思是多数人治理的政体。与专制或寡头政治。"②马克思主义认为,民主是具体的、历史的、相对的,必然要受到一定社会经济、政治、文化等条件的制

---

①孙莉:《法治与自由论析》,《法学》1997年第8期。
②沈宗灵主编:《法理学》,北京大学出版社2000年版,第278页。

约，必然具有历史性和阶级性。民主与法治一体两面，构建社会主义民主法治国家是我们党始终不渝的奋斗目标。如何推动我国民主政治建设的发展，关系到我国社会主义现代化建设的全局战略。

一、什么是民主

马克思、恩格斯在《共产党宣言》中指出："工人阶级的第一步就是使无产阶级上升为统治阶级，争得民主。"什么是民主呢？民主也就是在一定的阶级范围内，按照平等和少数服从多数原则来共同管理国家事务的国家制度。民主是由全体公民——直接或通过他们自由选出的代表——行使权力和公民责任的国家制度。民主是保护公民自由的一系列原则和行为方式，它是自由的体制化表现。民主是以多数决定、同时尊重个人与少数人的权利为原则，所有民主国家都在尊重多数人意愿的同时，极力保护个人与少数群体的基本权利。可以说民主与法治是现代文明政治制度的主要支柱。二者的关系可以这样来描述：民主是法治的基础，法治是民主的保障。

民主不仅是法治国家的政治基础，民主还是法治国家的法律的制定和实施的基础。民主是与专制相对立的国家制度，法治的建设是以民主作为自己的政治基础的。只有政治民主作为基础首先存在了，法治才可能被建立。如前所述，法治之法必须是良法，而在社会主义国家，良法首先来自于人民群众的集体智慧。人民群众的社会实践是法治发展的内在动力。而人民群众的集体智慧只有在民主的过程中才得以产生。良法善治是法治的基本要求，在法律的适用和遵守的过程中，都需要民主作为基础和保障。我们前面也提到过，法治的内涵包括制约公权。法治之所以要制约公权力，就是为了使民主获得保障，让人民群众在真正意义上成为国家的主人。对公权力进行有效的制约，防止权力滥用就成为了法治的一个艰巨任务。而防止权力滥用在最终意义上就是为了保护人民的利益不受损害，人民的权利获得较好的保障，人民民主才有可能得到实现。

二、民主与法治的理论区别

虽然民主与法治有着密切的联系，但它们之间也有着明显的区别：首先，从源头上讲，民主制度起源于古希腊城邦共和国，古典时期的雅典，多数官员都以公民抽签的形式获得任命，雅典公民也能够直接参与到城邦立法和司法的活动中来，并具有能够放逐任何一个可能威胁其民主制度的阴谋家的权力。不过，尽管古典时期的雅典其民主程度看起来令现代人羡慕，但事实上那个时代真正的法治水平其实是很低的。比如，雅典没有专业的法官和律师，所有的法律活动都可能是公民们的一时兴起。在柏拉图看来，民主就是群氓政治。在他最后的对话录《法律篇》中，柏拉图设想了一套永远不许变更的法律体系，并且将立法权只保留给最年长、最有智慧的少数人。可以说，柏拉图实际上是想用一套法治体系来取代雅典式的民主制。

其次，从内涵上讲，民主和法治也有区别。民主将公共权力的来源归结为"人民"，让"人民"通过集体性的意见表达途径来建立政权，建立制度。法治则先假设已经有一个政权，有一套制度，然后才提出自己的要求：只要一个社会真的是按照它的法律所说的那样在运转，没有任何一个人触犯法律而不受到法律的制裁，没有一种行为可以在法律之上或者法律之外，那么这个社会就是一个法治社会。

虽然民主有很多的优点，我们也不能忽视一个事实，即民主并非是完美的。民主制度有一个基本的假设，即人是生而平等的，公民的政治权利能力相同的，民主决策是众人决策。然而，由于人自身存在先天与后天的差别，比如人生经历不同、知识结构不同、价值标准和利益取向不同等，因而在大多数条件下，就某一公共事项是不太可能取得所有人完全一致的结论。在此情况下，必然采用多数的意见进行决策，这就是多数规则。由此看来，民主决策显然并非是一个最优的决策机制，这主要是因为：

第一，民主决策假定每一个人的意见都是等值的，但事实上并非如此，一千个无知的人的赞成票并不一定比一个明智之士的一张反对票更具有真实的价值。

第二，多数规则只是指一个数学上的多数。"这种多数并非真正的多数，而是少数人在临时协议下不断变动的暂时的多数"，今天的多数人的意见也许在明天就会变成少数人的意见。事实上也是如此，我们今天多数人所坚信不移的大多数真理，都曾是过去少数人士的观点。

第三，单个参与者的选择行为在多数规则中变得无足轻重。个人的价值与决策人数成反比。如果参与决策的人数为一亿，则每个投票价值为票面总值的亿分之一，几乎毫无价值。这样势必会降低人们的参政热情，形成盲从。

第四，按多数规则的决策都具有内在的强制性，要求全体服从，这就意味着多数人把自己的意愿强加给了少数人，多数人得到一切，而少数人则一无所获，少数派的实际票面总值最终为零，容易形成多数人的暴政。

虽然多数规则并非最优，但相比之下它也不失为一种相对不太坏的机制。就像美国学者罗尔斯说的那样，人类社会乃是一个合作冒险的形式，在面对诸多公共事务，人们不得不采取集体行动的场合，以点人头的方式来决策，比起以血腥暴力的方式进行决策，无疑是一种巨大进步。

三、民主与法治的实践区别

民主的反面是各种形式的专制，法治的反面是人治。人治则可能产生各种形式的腐败和潜规则，不论是腐败还是潜规则都是对法治的败坏，因为它意味着一部分人试图生活在法律之外或者法律之上。显然，潜规则和腐败既可能出现在民主体制中，也可能出现在专制体制中。

例如，印度共和国的民主制度有六十多年历史了，但印度至今仍然是世界上比较腐败的国家之一。根据2005年一项"透明国际"的研究，75%的印度人都曾亲历行贿和受贿。在

2010年的"腐败感知排名"表上，印度列第87名，认为民主制度有助于遏制腐败的人在印度恐怕要碰钉子了，而在世界上最为腐败的国家中，"民主"的国家也不在少数。民主制度本身并不能清除公共权力的私有化，这方面的例子远远不止印度。很多后发展的亚非拉国家，在实行民主选举之后都继续深陷在难以自拔的腐败之中，就连意大利这样的一个西方发达国家，也长期面临腐败难题。

法治与民主的区别在于，民主解决的是政治权力的归属，而法治解决的是政治权力的范围和界限问题。法治的实质是"限政"和"限权"。缺乏法治制约的无限民主可能产生严重后果。

由于民主和法治在理论和实践上都有区别，所以不仅可以有无法治的民主，也可以有无民主的法治。西欧在中世纪就有一套比较完善的法治体系。在习惯法和以罗马法为基础的教会法的竞争态势下，中世纪的世俗君主和神权君主都受到法律的制衡，从大范围上讲，中世纪的西欧也是一个没有民主的法治社会。

英国较早地形成了一个法治体系。但英国真正实行民主制，却是19世纪后期的事情，而且其全民普选权直到一战以后才实现，但其宪政传统也可以追溯到1215年的大宪章。当法律把全部国家的权力都束缚住的时候，被认为实现了法治，而这个经验是由英国提出来的。1215年英国约翰国王带兵出去打仗失败了，贵族们联合起来，拒绝国王回国，理由为他是一个横征暴敛、滥杀无辜的国王。国王不能回国是很耻辱的，他愿意和贵族们妥协，贵族们经过商量以后，提的第一条件就是今后要征税的话，必须经过他们的同意，而且要允许他们成立一个评议会，由这些贵族当中选出一部分人，组成这个会议，只要这个会议同意了，才可以征税。这个评议会，就是议会的起源，发展到今天就是英国的上院，都是由贵族组成的。国王答应了，由此而创立了一项宪法原则，凡是增加税收，一定要经过国会，这被认为是经济上的民主。贵族们提的第二个条件是，今后要对贵族们进行审判的话，必须有证据，没有证据不受审判，没有证据不受逮捕，国王也同意了，所以程序正义最早起源于1215年自由大宪章。自由大宪章不仅是贵族权力的宣言书，更重要的是它改写了一段历史，有了这个自由大宪章，国王开始服从法律。当国王开始服从法律的时候，法治就开始了，英国的法治就是这样，通过一个个的法律，然后一步步剥夺王权，当最后王位的继承也必须通过法律实现的时候，国王就把全部的权力都交给了议会。

美国的经验也很特殊，美国三权分立的政体设计始终关注民主与法治的平衡，在美国三权当中，司法权被认为地位是至高无上的。美国历史上曾经发生过一个著名的违宪审查经典案例——"马伯里诉麦迪逊案件"，在这个审判当中司法获得了对宪法的解释权，获得了违宪的审查权，由司法最后护卫着法治，议会制定的法律他可以宣布是违法的，总统发布的命令他可以宣布是违宪的，用司法的方式来护卫法治。

这些都叫作古典的、西方的资产阶级的法治。用马克思的话讲，它们不失为是人类文明的一种结晶。而法国因为具有较为强烈的平等、民主传统，所以法国自由主义学者比较敏锐地感受到了民主对法治的负面作用。巴斯夏在《财产、法律与政府》一书中指出，缺乏宪政约束的"民主"制度具有一部分人利用法律剥夺另一部分人的倾向。20世纪60年代，意大利学者布鲁诺·莱奥尼在《自由与法律》一书中也阐述了这一主题。晚年的哈耶克也意识到这个问题的严重性。生活在今天的人们已经习惯于认为，法律就是享有立法权的个人或者机构自上而下地以成文法方式制定、颁布的。但是莱奥尼、哈耶克都指出，这种由立法机构制定法律的模式，其实很容易导致法律丧失正义性。

莱奥尼提出一个替代方法是回归英国的古老传统，依赖法官在案件中制定法律规则。莱奥尼相信，通过这种方式所制定的法律规则更为公正，因为与行政官员、议员相比，法官更为中立，相对来说独立于各种利益、法官也更适宜于考虑法律的原则，眼光会更为长远。

至于托克维尔则在美国观察到，美国所特有的赋予法官以巨大权力的体制，及这种体系所培养出来的庞大的法律人共同体，在相当大程度上遏制民主的某些任性之处，限制了不受约束的民主可能带来的大多数弊端。

由此我们可以清楚地看到，问题的关键在于，在法治与民主之间找到一个平衡，让两者既相互支持又相互制约。

四、社会主义民主

社会主义民主是一种新型的民主，是符合民主本意的民主，它是以社会主义基本经济制度为基础的，体现社会主义本质的、人民当家做主的政治制度。如前面所讲，法治是指向国家的法律和制度的，同时也包含按照法律和制度办事的要求。社会主义社会的性质和目标，要求有充分的民主，完善的法治：

第一，发展民主、制定法律需要党的领导。中国共产党始终坚持社会主义民主发展方向，并领导人民通过国家权力机关制定宪法和法律，将党的正确主张、路线、方针、政策通过法律上升为国家意志，为实行社会主义民主与法制提供了保障。

第二，依法治国要求党的领导。依法治国是中国共产党提出的治国方略，而要实施依法治国的方略，就必须加强党的领导。削弱党的领导、脱离党的领导的倾向是绝对要不得的。党的领导是社会主义民主与法制的根本保证。

这里有一个我们必须解决的重要的理论问题，即如何理解法治所要求的"法律至上"和"党的领导"之间的关系？对此，徐显明教授认为："我们现在的社会主义法律许多是把党的成熟的、稳定的政策转化过来的，所以党的主张和人民的意志要统一，统一之后的结果就是法律。当谈社会主义法律至上的时候，包含着党的主张，包含着党对法律的领导。法律至上是社会主义法律意识、社会主义法治理念当中一个必不可少的内容。要抛弃工具观，要把法律放在最重要的位置上，我们越是推进法治，这种要求的迫切性就越明显。奉行社会主义法治就是要奉行社会主义法的统治"[1]。

第三，社会主义民主与社会主义法治相互依存、相互促进。一般而言，民主与法治在一定条件下是可以统一的，这也是法治社会所追求的目标。法治社会是将民主制度化、法律化，为民主创造一个可操作的、稳定的运行和发展空间，把民主容易偏向激情的特征引导到理性的轨道，为民主的健康发展保驾护航。民主为法治注入新的内容和动力，使法治为保护人权、自由，促进人的幸福生活服务。在典型的现代民主社会中，民主是法治不可分割的一部分。法治支持民主，民主也兼容法治。法治通过对一切私人的、公共的权力施以必要的法律限制，从而保障了基本人权，支持了民主秩序。可以说民主与法治的终极目标是一致的，虽然两者的运用需要有先后，但在现代政治制度的整体建构上两者在探索中逐步实现了统一。

一个社会的进步，是由民主与法治同时保护着的，若是

---

[1] 徐显明：《树立社会主义法治理念》，《辽宁法治研究》2007年第2期。

少了一边，就会倾斜不平衡，影响人民的权利以及社会的前进，民主为法治的保障，法治为民主的基石，若两者各自独立实行，只要任何一个凌驾于另外一个之上，都将陷国家社会于动荡不安，因此，民主与法治必须相辅相成，互相取长补短，才能充分发挥两面之利，并尽量减少两面之弊，才有机会建立一个和谐的社会。

我们倡导的社会主义社会并不是没有社会矛盾的社会，而是可以用制度化、法治化方式解决矛盾的社会，是一个尊重法律权威，社会有序发展的社会，要通过民主法治，建立一个防止纠纷、解决纠纷、化解纠纷的动态机制。

需要指出的是，目前我国社会主义民主法治体制尚不健全，与发展社会主义市场经济的要求还不相适用，同广大人民群众对民主政治的要求还存在着一定的距离。但我们也应该明白社会主义民主法治的发展是一个循序渐进的过程，不能急于求成，要把作为普世价值的法治理念与中国特色社会主义法治建设实践有机结合起来，坚持社会主义阶段的基本国情，充分认识建设社会主义法治国家的重要性、长期性、艰巨性，既要坚持法治精神的一般原则和观念，又要符合我国的政治、经济、文化的具体实际，始终坚持党的领导、人民当家做主、依法治国的有机统一，从而全面落实依法治国的基本方略。

第四节　法治与公正

　　公正是一种价值判断，内含有一定的价值标准，在常规情况下，这一标准便是当时的法律。正如罗马法学家塞尔苏斯所说的那样："法律是善良公正之术。"古今中外的法学家都强调："公正是法律的实质和宗旨，法律只能在正义中发现其适当的和具体的内容。"[1]

　　公正是伦理学基本范畴，它有两个基本意思：一是公平正直；二是公平正义。从法学层面探讨公正，其最主要的涵义，即为公平和正义。2010年3月14日温家宝答中外记者问时，曾提出"公平正义比太阳还要有光辉"。

　　所谓公正，即为公平、正义、不偏不倚。公平一般是在理想状态实现的，没有绝对的公平。现代社会提倡的公平，一般靠法律和协约予以保证。

---

[1]张文显：《马克思主义法理学——理论、方法和前沿》，高等教育出版社2003年版，第235页。

很多学者常常把公正等同于正义，认为它们只不过是同一概念对象的不同称呼而已。比如万俊人就曾说："在汉语语境中，正义、公平、公正和公道这些概念几乎可以通用。"[1]王海明则更进一步认为："公正、正义、公平和公道是同一概念，是给予人的应得行为，是给予人应得而不给人不应得的行为；不公正、非正义、不公道乃是同一概念，是行为对象应受的行为，是给人应得而不给人不应得的行为。"[2]吴忠民也认为："公正与正义同义，英文写法均为justice。"[3]一般情况下，学者们是在同一含义上使用公正和正义这两个概念的，尽管事实上它们之间也有着微妙的区别。为论述方便，本书也是在同一意义上使用公正和正义这两个概念的。

然而，在什么是公平正义的问题上，西方学界迄今也有数不清的见解。而且这个概念的使用也曾引起过难以相信的混乱和争论。正如博登海默所言，"正义有着一张普洛透斯

---

[1] 万俊人：《义利之间》，《现代经济伦理十一讲》团结出版社2003年版，第74页。
[2] 王海明：《公正、平等和人道——社会治理的道德原则体系》，北京大学出版社2003年版，第3 4页。
[3] 吴忠民：《社会公正论》，山东人民出版社2004年版，第1页。

似的脸，变幻无常、随时可呈现不同形状并具有极不相同的面貌"①。

一、历史上的正义理论

下面我们简要介绍一下历史上曾经出现过的几种正义理论：

（一）相对正义论

相对正义论是一种主观正义论或者随意而定的正义论。在现代西方哲学中，新康德主义者和众多的实证主义者坚持相对正义论。法学家凯尔森就持有这种观点，他认为，正义首先是属于社会秩序的一种可能有而非必然有的品质，其次它才属于个人的德性，因为一个人的正义性取决于他的行为是否符合那被认为代表正义的社会秩序的行为准则。但是什么是社会秩序的？很明显，如果把幸福理解为个人的幸福，就不可能有合乎正义的社会秩序，即给人人幸福的秩序。因为无可避免地一个人的幸福往往直接与另一个人的幸福相抵触。如果指大多数人的最大幸福，这个幸福一定不能

---

①[美]E. 博登海默：《法理学：法律哲学与法律方法》，中国政法大学出版社1999年版，第252页。

是个人的愿望，而是当权者（立法者）所认可的某种需要的满足，由此可见，正义的观念必须从保证给人人的个人幸福转变为保护社会所承认的某种利益。

什么利益值得保护呢？它们之间的价值等级怎样？正义之所以需要，正是因为有冲突的利益存在，没有利益的冲突，就没有正义的需要。当利益发生矛盾时，就必须决定它们之间的价值等级；哪一种利益有较高的价值，哪一种有最高价值，从而满足一种利益而放弃另一种？可是，决定价值等级的问题基本是一个价值判断的问题，对于这个问题的回答不是取决于理性的认识而是取决于个人的情绪、嗜好和偏爱。

例如，人类的生命和民族的利益与荣誉，何者是最高的价值呢？在某些人看来，人类的生命，即每个人的生命具有最高的价值。因此，杀人应该受到绝对的禁止。而另一些人则认为最高的价值应属于民族利益和民族荣誉。因此，每个人在战争道德上应该牺牲自己的生命并应该杀死敌人来捍卫民族国家。至于把杀人当作处罚犯人的刑罚，也是可以证成的。在这两种矛盾的价值判断之间，要做出一个理性的科学的决定，是不可能的。归根到底，是我们的情绪，我们的意志，而非我们的理性，在解决这个矛盾。由此可见，有关正义所作的价值判断只能是主观的，相对的和有条件的。

凯尔森最后提出了相对主义的正义原则。他说："在相对主义的正义哲学中包含着一种特殊的道德原则——宽容原则。所谓宽容原则是同情地了解别人的宗教或政治信仰——尽管不接受它们，但也不阻止它们自由发表。理所当然，容忍只是在一个既成的法律秩序内循序和平地发表思想。因为民主按它的本质意味着自由，而自由意味着宽容，所以没有其他整体比民主整体更有利于科学的发展。总之，我不知道也不能说出什么是正义，即人类所渴望的绝对正义。因为研究科学是我的职业，因而也是我生命中最重要的事情，在我看来，正义是那种社会秩序，在它的保护下人们能够自由探索真理，所以，我的正义是自由的正义、和平的正义、民主的正义——宽容的正义。"[1]

凯尔森指出，各种自然法理论，往往把法和正义混为一谈。用公正的法或不公正的法就不是真实的法这些话来把两者等同起来。其实，正义的客观标准是不存在的，因为说某

---

[1] [美]凯尔森：《什么是正义？》，《现代外国哲学社会科学文摘》1961年第8期。

些东西是公正或不公正的，指的是对最后目的的价值判断而言，而这些价值判断就其性质来说，是主观的，它是建立在人们的思想感觉和希望的情绪上面，既不能用事实来证明，又不能用逻辑来推导。

（二）形式正义论

对分析思想史上最流行的六种正义概念进行归纳总结，比利时法学家佩雷尔曼提出了"形式正义"。

其一，对每个人同样对待。根据这一正义概念，所有被考虑到的人必须受到同样对待，不论种族、肤色、年龄、性别、健康、财富、品性，等等。

其二，每个人根据优点对待。这个正义概念不要求普遍的平等，只要求与人的内在品质相称的待遇。但问题是我们如何解释这里的优点。

其三，对每个人根据工作对待。这个正义概念要求与人的行为的结果成比例的对待。这是一个实用的标准。它使人们有可能只考虑可以计算、测量的因素。

其四，对每个人根据需要对待。这一概念不考虑人的优点或其他，而试图减轻人们由于不可能满足基本需要而造成的痛苦。在这方面，这一正义概念最接近慈善的概念。

其五，对每个人根据身份对待。这是贵族政治的正义概念。它不是按照个人的工作、优点、需要来对待人，而是根据每个人属于哪一类分别对待。与其他的正义准则不同，这一准则不是普遍性的准则，它把人分成不同的种类从而加以区别对待，总是给予既得利益者和上等阶层以优越的待遇。从古至今，人类社会一直保留着区别对待。例如古代本族人和外来人，自由民和奴隶受到不同的对待。中世纪后，社会成员分成贵族、资产阶级、僧侣和农奴等不同阶层，受到不同的待遇，现代社会也有基于种族、宗教、财产等标准而产生的差别。

其六，对每个人根据法定权利对待。根据这一概念，公正就是适用国家的法律规则。如果一个法官把同一法律规则适用于同一情况，就是公正的。这个正义概念与其他五个不同，它本身不对实在法进行评判，只限于适用实在法。它实际上容许存在不同的正义准备，因为不同的法典有不同的权利规定。每一个法律体系都采取以它的法律为标准的正义。于是，在一个法典下是公正的，在另一个法典下可能是不公正的。从法官的角度和对法官评判的角度，公正就是忠实地适用特定的法律体系的规则，不公正就是误用或滥用法律规则。

佩雷尔曼提出的形式正义论意味着一种活动原则,根据该原则,凡是属于同一基本范畴的人应受到同等的待遇。从各种正义概念汇总抽象出一个具体正义相对的形式正义概念,这对于理解什么是正义,特别是法的平等性确有帮助。法的平等性就是先根据某一标准(如身世、性别、功绩、财产、角色、能力、国籍等),把人们划分为不同的范畴或层次,然后,对属于同一范畴或层次的人同样对待。

(三)社会正义论

正义有各种不同的问题,如某个社会体制是否公正,某一法律是否公正,某个行为(判决、制裁、安排)是否公正,某个人是否公正等。社会正义论强调,在这些不同的正义问题中,社会体制的正义是首要的正义。

所谓社会体制是指一整套的主要的社会制度、经济制度、政治制度、法律制度,亦即主要的社会制度进行基本权利和义务分配的方法。社会体制的作用是把各种主要的社会组织一体化,在社会成员之间界定和分配利益和负担。

美国学者罗尔斯是社会正义论的代表。他认为,正义是社会体制的第一美德。一种理论如果是不真实的,那么无论它多么高雅、多么简明扼要，也必然会遭到人们的拒绝或修正。同样，法律和体制如果是不正义的，那么无论他们多么有效、多么有条不紊，也必然会为人们所改革或废除。

罗尔斯之所以把社会体制的正义作为首要的正义，是因为：第一，社会体制对个人的生活前途起着深远的、自始至终的影响；第二，社会体制构成了个人和团体的行动发生的环境条件；第三，关于人的行为的公正与否的判断往往是根据社会体制的正义标准作出的。例如，当我们说一个法官的判决公正或不公正时，我们使用的公正标准通常是现行法律制度的规定。

既然正义的首要对象是社会的体制，那么，正义理论的首要问题就是系统地提出并证明一套公正的社会体制必须与之符合的正义原则，这些社会正义原则在适用于社会体制的事实时，应当做两件事：第一，它们应当得出关于具体的制度和实践正义与否的判断；第二，它们应当指引我们发展政策和法律，去纠正体制中的不公正、不正义的现象。

罗尔斯指出，正义原则既不是上帝赐予的，也不是可以从历史规律、宇宙结构和人类的永恒理性推论出来的，它们是人类选择的产物。这种选择要受到若干彼此相连的因素的制约。

首先，应该关心的是选择正义的原则。它理所当然地必须在性质上是一般的和公开的，在适用中必须是普遍的，能够调整各种冲突的权利主张，在实践推理中必须被承认为最后的权威。

其次，正义原则是道德原则。因此，必须以道德的方式选择。罗尔斯说，从道德上推理，就是要超越个人的偏见，以公正无私的方式思索，也就是说不管个人的社会环境、利益、观点和把自己与别人区别开，并可能产生偏见的一切东西。因此，在不同的正义原则中间进行道德选择，要求选择者应当超越他们个人的和社会的特殊环境，以公正无私的方式来思考和选择正义问题。

再次，在选择正义原则的过程中，每个人都拥有相同的权利，每个人都可以提出建议，提出他们接受建议的理由。

最后，正义原则是用来调处人际关系的。而人不是完美的，是有具体情欲、利益和能力的动物。因此，必须以关于人类的基本事实为根据去选择正义原则。这些知识一点也不能详细具体，否则，就可能偏于一个时代、一种社会结构、一个社会群体，因而只应考虑有关所有人的一般事实。

为了选择出正义的原则，罗尔斯参照早起政治哲学和法哲学中的社会契约论，虚构了一个"原始状态"，在这个"原始状态"，自然资源是有限的，不能满足每个人的所有欲望。如果每个人的所有欲望都能得到满足，合作就没有必要。同时资源也不是贫乏到使合作成为不可能的地步。这个原始状态对每个人都是不利的，弱者自不待言，强者也必须提防侵袭。这种客观环境促使人们同意订立一个契约，建立一套共同遵循的原则，而"原始人"的特点则决定着原则的内容。罗尔斯假定，"原始人"被一层"无知之幕"所遮蔽，因而不知道自己的信仰、兴趣、能力、经历，不知道自己在社会中所处的地位，甚至不知道他们生活的这个社会的自然环境。他们只知道竞争，有敌意，吃穿住的资料和产品不足，这些资料和产品要根据某种原则分配。"原始人"还完全缺乏利他动机，之所以参与社会契约的订立完全是为了自己的利益。他们将根据自己的利益去考虑问题，企望获得最多的利益而承担最少的义务。但是，在发展过程中他们不知道自己将处于何种地位，他们就会关心改善处于社会底层人们的状况，以防万一自己也会落入那种境况。由于未来不可知，他们要在任何情况下为自己打算的话，必然也要为其他任何人的利益考虑，而不能仅仅为自己考虑。正是这些特点造成了公平的观念和正义的原则。

罗尔斯指出，具有上述"原始人"特点的人可能选择如下两个原则作为他们的指导原则：

第一个原则——"每个人都有享有和其他所有人的同样的自由相容的最广泛的基本自由的平等权利。"即，最大的均等自由原则。最大的均等自由原则涉及基本自由的分配问题。它包括两个主张：一是每个人都有平等权利拥有同样数量的基本自由；二是这些基本的自由应尽可能广泛。

罗尔斯所说的基本自由包括：其一，参与政治程序的自由，如选举权、竞选权等；其二，言论和出版自由及其他表达自由；其三，信仰和宗教自由；其四，人身自由；其五，法治概念中所规定的不受任意逮捕，私人财产的自由。所谓尽可能广泛的自由意味着，如果把自由这个概念量化，则如果大家都能得到十分的自由，就不该只得到九分的自由。

第二个原则——"社会和经济的不平等将以下列各项原则安排：第一，它们对每个人都是有利的；第二，它们与职位相连，而职位对所有的人开放。"即，差异原则。差异原则涉及物质和社会地位的分配问题，其实质在于要求社会体制应以这样一种方式安排，即在获得基本物品的指望方面的任何不平等必须促进处于最不利条件的人的最大可能的利益。

差异原则实际是由两部分组成的：第一部分可称为"差别原则"，它要求社会和经济的不平等应安排得对所有人都有利，特别是使处于最不利地位的人得到最大可能的利益；第二部分可称为"公平的机会均等原则"。它要求社会和经济的不平等与职位相连，而职位在公平的机会均等条件下对所有的人开放。

公平的机会均等原则要求越出形式的机会均等，以保证具有相似技能、力量和动机的人享有平等的机会。为此，要求社会提供制度上的财政资助安排，以保证出生于低收入家庭的个人同出生于富裕家庭的个人有平等的获得这一项工作的机会。

罗尔斯认为，这两个正义原则在社会政策中的重要性是不同的。其次序是，第一原则优于第二原则。只有实现最大的平等自由之后，才能自由地实现差异原则和公平的机会均等原则的要求。

罗尔斯强调，上述原则就是当今社会应当实行的正义原则。一个公正的社会基本结构应当以上述原则为中枢，违背上述原则的法律就是严重不公正的法律，公民有权反抗这种不公正的法律，当然，必须是非暴力反抗。罗尔斯心目中的理想社会就是上述两个原则现实化的社会。

（四）资格正义论

与罗尔斯的正义理论不同，美国哲学家罗伯特·诺齐克认为，在一个自由的社会里，不同的个人控制着不同的资源，新的持有来自于人们自愿交换和馈赠。正像一个自由选择配偶的社会中配偶的分配不存在一样，财产的分配也不存在。财产的社会分布格局是众多个人决策的总结果，个人有资格做出这些决策。因此，诺齐克提出了持有正义论。由于持有正义理论强调人们是否有资格获得某项持有物，诺齐克又称之为资格正义理论。

他强调自由，主张一切社会资源都应由个人自由获得与转让，其实质上反映了自由市场经济的正义观。

诺齐克的资格正义理论包括三条原则：第一，一个按照获取正义原则获得某项持有的人，有资格得到该项持有；第二，一个按照转让正义原则从对某项持有有资格处分的人那里获得该项持有的人，有资格得到该项持有；第三，除非适用第一、第二原则，否则人们无资格得到一项持有。

第一条原则为获取原则，适用于财产的原始取得或无主物的占有，作用是保证人们能合乎正义地获取无主物。第二条原则为转让原则，适用于财产转让，作用是保证财产合乎正义地从一个人手里转移到另一个人的手里。第三条原则为矫正原则，适用于不符合前两条原则的非正义情形，作用是保证所有非正义情形都恢复到符合前两条正义原则。

持有正义理论的结论是，如果按照获取、转让与矫正原则，某人有资格得到其持有物，那么他的持有就是正义的；如果每个人的持有都是正义的，那么持有的总体状况就是正义的。由此可见，诺齐克的资格正义论与以往的正义理论在逻辑与思路上根本不同。

二、法治与正义

关于正义的不同理论各有其道理。不论各种说法之间的分歧有多大，我们还是能找出其中大家普遍认可的正义定义——正义是人类社会普遍认为的崇高的价值，是指具有公正性、合理性的观点、行为、活动、思想和制度等。

正义是一个相对的概念，不同的社会、不同的阶级有不同的正义观。衡量正义的客观标准是这种正义的观点、行为、思想是否促进社会进步，是否符合社会发展的规律，是否满足社会中绝大多数人最大利益的需要。正义最低的内容是，正义要求分配社会利益和承担社会义务不是任意的，要遵循一定的规范和标准；正义的普遍性是要求按照一定的标准分配社会利益和义务；分配社会利益和义务者要保持一定的中立。总而言之，正义是彰显符合事实、规律、道理或某种公认标准的行为。

正义与法治之间有着千丝万缕的联系。法治的价值之一在于实现公平正义，法律对正义的实现作用体现为以下两个方面：其一，分配权利以确立正义；其二，惩罚罪恶以伸张正义。

首先，法治保证和实现社会的公正。法治在实现过程中，通过法律的形式把指导分配的正义的原则制度化，具体化为法律上的权利、义务和责任，实现对社会资源和利益的权威性分配方案。实践中，需要以法的形式实现配置的社会资源是非常多的，其中尤为重要的是人在社会基本结构中的地位，及与其相联的人所具备的经济、政治和社会条件。

一个社会体系的公正，本质上依赖于如何分配基本的权利义务，处理这些方面所存在的突出问题，确立、维护并保障实行正义的制度。这是公正的主题，也是实现法律公正价值的主题。

对社会资源实行配置的方式是多样化的，人类社会迄今实行过五种分配原则：无差别分配、按优点分配、按劳分配、按需分配、按身份分配。历史上这五种分配原则都曾被视为公平正义的分配原则，在这五种分配原则作为各自所处相应历史时代的主流分配原则的情况下，以法的形式将其确立下来，并由此形成相应的法律权利和义务，这就是正义的。

其次，以一定的方式在法中形成合乎正义的、合理的，和富有理性的补偿制度和处罚制度，以恢复正义，使法律正义获得实效。

通过法律形式确立的以社会资源配置为重要内容的各种社会制度，只是体现或实现了分配正义或社会正义、实质正义，而并不能保证这种制度在生活中得以兑现。生活中总有违背法律正义的行为存在，每当发生这种行为，平衡就会被打破，使这方面的公正不复存在。这就需要另一种形式的正义的存在，用以恢复既有的分配正义或实质正义。为实现法治的公正的价值，就需要建立合理的，符合理性的补偿制度、处罚制度和诉讼制度。

补偿制度主要基于补偿因违法、违约而给主体造成损失的行为而建立和实行的。补偿制度主要是向被损害者恢复正义。处罚制度主要是基于回应违法、违约行为而建立和实行的。实施处罚的直接目的有三个：一是给予侵害或毁损正义的行为以应有的打击；二是恢复或补救被侵害被毁损的正义状态；三是借以发挥法律正义的警示作用，以避免或减少类似的侵害或毁损正义的行为，通过实施处罚，使得正义得以伸张，邪恶得以遏制。诉讼制度则是补偿制度和惩罚制度据以运作和实现其价值的主要通道。补偿制度和惩罚制度所包含的法律正义的价值，只有同诉讼制度中的法律正义价值相结合，才能使自己得以实现，同时也使诉讼制度的价值获得实现的机会。直接体现法律正义的诉讼制度大概有八种：司法独立、回避制度、审判公开、当事人权利平等、判决有据、及时审理、上诉和申诉、律师自由。

再次，正义对法治也有着指引作用。法治需要以正义作为一种基本价值目标，为其所追求所体现，从而使法治在其基本路向上达至比较理想的境况。

最后，公正可以作为检验或评判法之良恶优劣的标准。良法和恶法、优法和劣法的分别，是法学理论的重要范畴，也是法律实践中非常重要的主题。判断法之良恶优劣的标准客观上是多元的，不同的时代、国家和不同的法律创制者，差不多都有自己的标准体系。但无论如何，公正总是这种标准体系中一个具有普遍真理意义的规范。比如，欠债还钱，杀人偿命等。以公正为标准，在法中引入公正便能让法具有良法的品质。在法中放弃公正便会使法沦为恶法。

综上所述，我们可以看到法治与公正之间的天然联系，法治产生于对正义的追求与向往，公正引导着法治的方向，是法治的核心价值，体现着人类的文明，同时，也只有法治这种形式才能在最大程度上保证公正得以有效实现。

第五节　法治与人权

一、人权

人权问题是当今世界广为关注的问题，是关系到每个个体生存和人类发展的重要课题。人权迄今为止也没有一个标准的定义，大体说来，人们普遍能接受的观点是，人权是作为人所具有的最基本的权利。在现代人权体系中，人权是一种具有特别地位的权利。首先，与专制王权和等级特权相区分，人权是一种普遍的权利，任何人，只要符合一定的条件就可以取得这种地位并享有相应的权利。"人权理念的立足点就是反对或尽可能避免对人群进行划分，只要是人类的一员，就应当享有与他人同样的基本权利，不管他的种族、家庭、信仰、性别、政治倾向等自然属性和社会属性如何，他的人格尊严和基本自由都应当得到同样的尊重。"[1]

人权与法治有着密切的联系，从历史和实践的角度来看，可以得出一个结论：民主的历史也罢，法治的历史也罢，它们其实都是人权的历史。可以这样说："理想的法治，指的是通过法律实现的公共权力与公民权利相和谐的状态。公民权利为国家权力所尊重、所保护、所救助，人权是公权的本原、界限、目的，法律能够调处出这种状态法治便存在。"[2]

---

[1] 张文显主编：《法理学》，法律出版社2007年版，第320页。
[2] 徐显明：《法治的真谛在人权——一个人权史的解读》，《学习与探索》2001年8月版。

法治与人权的联系还表现在如下几个方面：

首先，法治之法律必须是良法，而是否体现人权、保护人权可以作为判断的标准。如果法律本身不体现一定的人权精神，不考虑人的最基本的价值需求，那么它就是恶法，恶法非法。反之，如若法律是合乎人性和道德的，它才能保护公民的基本权益，保证社会稳定，促进社会发展。

其次，在法治社会里，法律应当是为人权而存在的，人权可促进法律的自我完善。马克思说："在民主制中，不是人为法律而存在，而是法律为人而存在；在这里人的存在就是法律，而在国家制度的其他形式中，人却是法律规定的存在。"所以，在法治社会中，法律必须为人权而存在。在现代社会中，法律已成为人权保护的直接的主要的渊源和手段。与其他保护手段相比较，人权的法律保护具有明显的优势：第一，它设定了人权保护的一般标准，从而避免了其他保护手段的随机性和相互冲突的现象；第二，人权的法律保护以国家强制力为后盾，因而具有权威性和普遍性；第三，人权是法治完善的驱动力，它指出了立法和执法所应坚持的最低的人道主义标准和要求，从而促进法律的自我完善。

最后，法治是实现人权的手段。法律首先按照平等的原则分配社会中的权利和义务。使得社会中的每个人都能享受到应得的权利。不仅如此，为了保障人权理念惠及到社会中的每个成员，当代各国家通常会通过法律对妇女、儿童、少数族裔、残疾人等弱势群体给予特别保护。法治还会通过宪法和法律上的各种程序来规范和引导公共权力，以保障人权。历史经验表明，专制的不受任何约束的权力对人权具有毁灭性的威胁。因此，现代法律制度的一个重要功能就是对公共权力进行限制，以确保它不对公民的权利进行侵害。

更为重要的是，法治还会在人权受到侵害的时候提供法律上的救济。英国一句法律谚语说："没有救济就没有权利。"如果权利被侵害得不到救济，那么这项权利就没有实际意义，法治通过各种制度确保人权得到最充分的实现。

二、人权保护对法治的作用

人权的法律保护有利于人们产生对法的信任，对社会主义法治建设有着重要作用。中国古代法以刑为主，重刑尚刑，泛刑化极刑化，长期以来，人们提起法来都有种距离感，这种令人生畏、没有人情味的法在人们心目中是恶劣的。因此，中国当代法治的真正实行，必须一改过去传统的法的形象和观念，增强人们对法的信任，使法成为人们可以信赖和需要依靠的力量。

依法治国其最终目的就是要保障公民的合法权益，也就是说，保障人权是树立社会主义法治理念的出发点和落脚点。可以说人权思想作为一条主线始终贯穿在社会主义法治理念之中。1991年，我国发表的首个人权白皮书《中国的人权状况》开篇就提到："享有充分的人权，是长期以来人类追求的理想。从第一次提出'人权'这个伟大的名词后，多少世纪以来，各国人民为争取人权作出了不懈的努力，取得了重大的成果。中国共产党领导全国人民为争取人权进行了不懈的斗争和努力。"2004年，"国家尊重和保障人权"被庄严地写入宪法，成为宪法的一个基本原则。应该说，社会主义法治理念的提出，是我们党和政府以科学发展观为统领，在促进和保障人权方面提出的又一个崭新命题。

综上所述，法治能给我们带来诸多美好的价值，践行法治能形成秩序、促进自由、推动民主、维护公正、保障人权。其中，秩序是基础价值，民主是工具价值，公正和人权是核心价值，自由是终极价值，正如马克思所言的自由自觉的活动是人的类特性,而其主张的共产主义社会的实质是自由人的联合体,在其中,每个人的自由发展是所有人发展的前提和条件。

第五章　依法治国方略形成与发展
　　　　的历史进程

　　1949年10月1日，中华人民共和国成立，中国共产党获得执政党的地位。摆在中国共产党面前的是"如何建设和管理社会主义国家"的重大的理论和实践问题。新中国成立60年来，对我国社会主义治国方略几经周折，中国共产党经历了艰难的探索阶段。

　　以毛泽东为核心的党中央领导集体，对我国社会主义治国方略进行了开创性探索，历经坎坷与曲折；以邓小平为核心的党中央领导集体，对我国社会主义治国方略的探索取得了突破性进展；以江泽民为核心的党中央领导集体和以胡锦涛为代表的新一代党中央领导集体，对我国社会主义治国方略的探索取得了创造性发展。以习近平为代表的新一届领导集体对依法治国的方略进一步稳步推进。

　　总结党的历史，我们党对进行法治建设的探索大致可以分为以下几个阶段。

第一节　艰难探索阶段

在新民主主义革命胜利前夕，毛泽东明确提出要靠民主来打破"其兴也勃焉，其亡也忽焉"的历史周期率。他说："我们已经找到新路，我们能跳出这周期律。这条新路，就是民主。只有让人民来监督政府，政府才不敢松懈。只有人人起来负责，才不会人亡政息。"

新中国成立后，以毛泽东为核心的党中央领导集体，领导全党全国人民着手进行社会主义法制建设，初步树立了社会主义法制思想。他们提出了摧毁旧法制、创建新法制的口号，彻底摧毁了旧的国家机器和法律制度，开始了建立和完善新中国法律制度的历史进程。建国初期，中国共产党人一直在努力寻求如何在民主法制的道路上管理国家。1950年第一届全国司法工作会议通过的人民法院审判工作的报告中明确提出了"新民主主义的法治观念和道德观念"。1953年通过和公布了关于召开《全国人民代表大会的决议》和《中华人民共和国选举法》，在全国范围内开展了基层民主选举和全国人大代表的选举工作。1953年彭真在《关于政治法律工作的报告》中提出了要"逐步实行比较完备的人民民主的法制"。1954年6月,毛泽东在《关于中华人民共和国宪法草案》的讲话中指出:"一个团体要有一个章程,一个国家也要有一个章程,宪法就是一个总章程,是根本大法。用宪法这样一个根本大法的形式,把人民民主和社会主义原则固定下来,使全国人民有一条清楚的轨道,使全国人民感到有一条清楚的明确的和正确的道路可走,就可以提高全国人民的积极性。"1954年新中国第一部宪法的诞生,标志着中国社会向法治轨道迈出了第一步,这是中国社会主义法制实践最为重要的起点。

在党的八大上,董必武提出了"有法可依,有法必依"的社会主义法制原则。刘少奇也强调:"我们目前在国家工作中的迫切任务之一,是着手系统地制定比较完备的法律,健全我们国家的法制。"党的八大还确定了一系列民主政治建设的正确指导方针和原则。可以说,从新中国成立到党的八大这一时期,我国已逐步树立了社会主义法制思想,民主政治建设是沿着一条法制的轨道循序渐进地向前发展的,并且取得了显著的成绩。

由于中国共产党在新民主主义革命时期形成了系统的完整的经实践证明是正确的方针政策，并依靠这些方针政策取得了全国革命的胜利，掌握了国家政权，因而在如何处理依政策办事和依法办事的关系方面，逐渐形成了有事找党委、依靠党的政策办事的习惯。这种按政策办事的思维定势，在新中国成立后延续。这种政策至上、政策即法律、政策高于法律的思想，在1954年制定我国第一部宪法时体现明确。在制定这部法律时，立法者们计划15年完成向社会主义的过渡，因此预言该宪法只管15年。可见，在这一时期，政策权威是社会所有权威的根本来源，法律权威的建立也不得不依赖于政策权威。

党的八大虽然制定了包括加强民主与法制建设在内的全面建设社会主义的总路线，但全党对法制建设重要性的认识还不够深刻，思想准备和理论准备也相对不足。

第二节　拨乱反正阶段

20世纪50年代中后期，在全国范围内展开了一场关于"人治与法制"的大讨论。当时，法学家钱端升、王造时明确表达了建立社会主义民主法治秩序作为长治久安的百年大计的观点。正在欣欣向荣发展的中国却在此刻遭遇了一次重大挫折。随着1957年反右斗争的扩大化，社会主义民主法治受到打击，推延了我国社会主义民主政治建设的发展和法制现代化的历史进程。人民民主法治观经过一段坎坷和曲折，从反面教育了党和人民。彭真在总结这方面的经验教训时客观地指出："我们在过去一个很长时期是讲方针、政策多，讲严格依法办事少，即严格注意和强调有法可依、有法必依、执法必严、违法必究少。这在推翻反动政权的革命时期是只能这样做的，但是我们在建成了无产阶级领导的人民民主政权，基本上肃清了反革命、基本上完成了消灭封建所有制、资本主义所有制的生产关系的任务以后，仍然没有及时地同时强调加强法制，抓紧法制建设，强调严格依法办事，坚持做到有法可依、有法必依、执法必严、违法必究，这是一大失误。"他还指出："建国以后，在全国范围内人民有了自己的政权，情况有了根本的变化，就不能仅依靠政策，还要把成熟的政策、经验制定为法律，建立、健全法制，依法办事。这是一个历史阶段的过渡。"

党的十一届三中全会，是我国开始恢复社会主义法制建设的新起点。1978年2月，著名学者梁漱溟在政协直属小组会议上就中国法制问题发言时说："人们对法制的愿望更加迫切、更加坚决了，中国的局面由人治渐入法制，现在是个转折点。"在1978年全国人大五届一次会议上，叶剑英在《关于修改宪法的报告》中指出："我们的国家要大治，就要有治国的章程。新宪法就是新时期治国的总章程。"党的十一届三中全会公报指出，为了保障社会主义民主，必须加强社会主义法制，把民主制度化、法律化，使这种制度和法律具有稳定性、连续性和极大的权威，做到"有法可依、有法必依、执法必严、违法必究"；宪法规定的公民权利必须坚决保障，任何人不得侵犯；要保障人民在自己的法律面前人人平等，不允许任何人有超越法律之上的特权。之后，在我国再一次开展的关于"人治与法制"的大讨论中，"法制"论成为我国社会的主导声音。1982年我国颁布的新宪法，接受了"法制"论的部分主张。

第三节　确立和发展阶段

一、确立阶段

1982年，党的十二大的召开与提交全国人大五届五次会议审议通过的新宪法的制定，标志着我国法治建设进入到了一个新的确立和发展阶段。

在经济领域，党和国家认识到必须以法律手段调整经济活动和经济改革。党的十二届三中全会通过的《中共中央关于经济体制改革的决定》提出：经济体制的改革和国民经济的发展，使越来越多的经济关系和经济活动准则需要用法律的形式固定下来。国家立法机关要加快经济立法，法院要加强经济案件的审判工作，检察院要加强对经济犯罪行为的检查工作，司法部门要积极为经济建设提供法律服务。

1986年9月，党的十二届六中全会通过的《中共中央关于社会主义精神文明建设指导方针的决议》指出，只有大力加强以宪法为根本的社会主义法制建设，才能推进并保证经济建设和全面改革的顺利发展，维护国家的长治久安。

在政治领域，党的十二大报告指出："社会主义民主的建设必须同社会主义法制的建设紧密地联系起来，使社会主义民主制度化、法律化。今后，我们党要领导人民继续制定和完备各种法律，加强党对政法工作的领导，从各方面保证政法部门严格执行法律。"

1982年制定的宪法规定：一切国家机关和武装力量、各政党和各社会团体、各企业事业组织都必须遵守宪法和法律，任何组织和个人都不得有超越宪法和法律的特权。中共中央《关于社会主义精神文明建设指导方针的决议》明确提出，不要社会主义民主的法制不是社会主义法制，不要社会主义法制的民主绝不是社会主义民主。党的十二大通过的党章，重申党必须在宪法和法律的范围内活动。

在科教领域，1985年3月通过的《中共中央关于科学技术体制改革的决定》指出，"要制定有关的法规和制度，国家通过专利法和其他相应的法规，对知识产权实行保护"。1985年5月通过的《中共中央关于教育体制改革的决定》也强调，"必须加强教育立法工作"。

在社会生活领域，党和国家十分重视社会主义法制建设和提高全民族的法律意识。邓小平指出："法制观念与人们的文化素质有关，所以，加强法制重要的是要进行教育，根本问题是教育人。法制教育要从娃娃开始，小学、中学都要进行这个教育，社会上也要进行这个教育。"由此，开始了一场关于"人治VS法制"的大讨论。

从党的十一届三中全会到党的十四大，社会主义法制建设的迅速恢复和发展，为我国确立"依法治国"的基本方略奠定了坚实的思想基础和实践基础。以邓小平为核心的党中央领导集体，在治国方略方面更注重制度建设，注重法制建设与道德建设相结合，注重与我国现实的社会生产力水平和人们的思想道德素质相适应，为"依法治国与以德治国相结合"基本治国方略的最终提出和实施，作了重要的理论与实践准备。以江泽民为核心的党中央领导集体，继承和发扬邓小平的社会主义民主和法制建设思想，把"依法治国，建设社会主义法治国家"确立为我国社会主义现代化建设的重要目标，从而明确了"依法治国"基本方略在我国治国方略中的基础性地位。

二、发展阶段

1989年9月26日，江泽民在中外记者招待会上郑重宣布：

"我们绝不能以党代政,也绝不能以党代法。这也是新闻界讲的究竟是人治还是法治问题,我想我们一定要遵循法治的方针。"

1994年12月9日,中央举办了第一次法律知识讲座,江泽民在讲座开始前的讲话中指出,学习和掌握必要的法律知识,努力提高各级领导运用法律手段管理经济、管理社会的本领,这是新时期党对各级领导干部坚持党的基本路线、保证深化改革开放、维护社会稳定的重要要求。建设社会主义法制,实行以法治国,是为了把我们的国家建设成为富强、民主、文明的社会主义现代化国家。

1995年1月20日,中央举办了第二次法制建设讲座,江泽民在讲座结束时讲话强调:第一,领导干部学习法律知识具有两重意义,既是适应领导工作和管理工作的需要,也是带领广大人民群众学法、用法和自觉守法的需要;第二,我们党的领导主要是政治、思想、组织领导。而政治领导的主要方式是使党的主张经过法定程序变成国家意志,通过党组织的活动和党员的模范作用带动广大人民群众,实现党的路线、方针、政策;第三,搞好法制教育,提高法律意识,增强法制观念,也是加强社会主义精神文明建设所必需的。

"依法治国"的提出及中央领导人带头学法,大大提高了法律在国家治理中的地位、声誉和影响,为"依法治国"方略的正式提出和实施奠定了坚实基础,"依法治国"方略初步形成。

1996年2月8日,在中央举办的"关于依法治国,建立社会主义法制国家的理论和实践问题"的法制讲座会上,江泽民发表了《依法治国保障国家长治久安》的重要讲话,第一次明确提出:"加强社会主义法制建设,依法治国,是邓小平同志建设有中国特色社会主义理论的重要组成部分,是我们党和政府管理国家和社会事务的重要方针"。

十七大报告指出,要坚持国家一切权力属于人民,从各个层次、各个领域扩大公民有序政治参与,最广泛地动员和组织人民依法管理国家事务和社会事务、管理经济和文化事业;坚持依法治国基本方略,树立社会主义法治理念,实现国家各项工作法治化,保障公民合法权益;坚持科学立法、民主立法,完善中国特色社会主义法律体系;加强宪法和法律实施,坚持公民在法律面前一律平等,维护社会公平正义,维护社会主义法制的统一、尊严、权威;推进依法行政;深化司法体制改革,优化司法职权配置,规范司法行为，建设公正高效权威的社会主义司法制度，保证审判机关、检察机关依法独立公正地行使审判权、检察权；加强政法队伍建设，做到严格、公正、文明执法；深入开展法制宣传教育；弘扬法治精神，形成自觉学法、守法、用法的社会氛围；尊重和保障人权，依法保证全体社会成员平等参与、平等发展的权利；各级党组织和全体党员要自觉在宪法和法律范围内活动，带头维护宪法和法律的权威；制定与群众利益密切相关的法律法规和公共政策原则上要公开听取意见；加强公民意识教育，树立社会主义民主法治、自由平等、公平正义理念。

第三节 正式提出和继续发展

依法治国第一次正式表述出现在1997年9月12日江泽民的中国共产党第十五次全国代表大会政治报告中。其内容为："依法治国，就是广大人民群众在党的领导下，依照宪法和法律规定，通过各种途径和形式管理国家事务，管理经济文化事务，管理社会事务，保证国家各项工作都依法进行。"而这一表述成为正式的治国方略则集中体现在1999年3月15

日的《中华人民共和国宪法》修正案中："中华人民共和国实行依法治国，建设社会主义法治国家。"至此，"依法治国"方略完全建立，中国正式步入了依法治国的轨道。

2002年12月4日，胡锦涛在首都各界纪念中华人民共和国宪法公布施行20周年大会上明确强调："发展社会主义民主政治，最根本的是要把坚持党的领导、人民当家做主和依法治国有机统一起来。党的领导是人民当家做主和依法治国的根本保证，人民当家做主是社会主义民主政治的本质要求，依法治国是党领导人民治理国家的基本方略。"

2003年9月29日，中央政治局第二次集体学法的题目是"坚持依法治国，建设社会主义政治文明"。2007年6月25日，胡锦涛在中央党校省部级干部进修班毕业典礼上发表重要讲话，指出要"全面落实依法治国基本方略，弘扬法治精神，维护社会公平正义"。2007年11月27日，十七届中央政治局第一次集体学习的题目就是"完善中国特色社会主义法律体系和全面落实依法治国基本方略"。在2011年3月28日中央政治局第27次集体学习时，是以"推进依法行政和弘扬社会主义法治精神"为题的。胡锦涛在主持学习时强调，全面推进依法行政、弘扬社会主义法治精神，是坚持立党为公、执政为民的必然要求,是推动科学发展、促进社会和谐的必然要求。我们必须增强全面推进依法行政、弘扬社会主义法治精神的自觉性和主动性,加快建设社会主义法治国家。胡锦涛在《推进依法行政弘扬社会主义法治精神》一文中强调,"推进依法行政,关键在领导,重点在落实。各级党委和政府要把依法行政作为保证'十二五'时期经济社会发展各项目标任务顺利实现的重大举措,加强领导,抓好落实,深入研究解决依法行政面临的突出问题,善于运用法律手段深化改革、推动发展、维护稳定,为全面建设小康社会提供有力法治保障和良好法治环境。"

第四节 我国依法治国方略的成就与展望

一、依法治国在实践中的成就

"依法治国,建设社会主义法治国家"成为国家基本方略和全社会共识以来,我们国家的法治建设取得了举世瞩目的伟大成就。"以依法治国为核心内容,以执法为民为本质要求,以公平正义为价值追求,以服务大局为重要使命,以中国共产党的领导为根本保证"的社会主义法治理念逐步确立,全社会法律意识和法治观念普遍增强,自觉学法、守法和用法的社会氛围正在形成。

依法治国所取得的巨大成就尤其体现在以下几个方面:

首先,中国特色社会主义法律体系基本形成。在依法治国成为基本治国方略后,国家加大了法治建设的进程,突出表现是,有中国特色法律体系基本形成。"2011年3月,吴邦国委员长在向十一届全国人大四次会议作常委会工作报告时宣布,一个立足中国国情和实际,适应改革开放和社会主义现代化建设需要、集中体现党和人民意志的,以宪法为统帅、以宪法相关法及民法商法等多个法律部门的法律为主干,由法律、行政法规、地方性法规等多个层次的法律规范构成的中国特色社会主义法律体系已经形成。这意味着经过数十年的发展,中国的法治建设取得了重要的阶段性胜利"[1]。

当代中国的法律体系,部门齐全、层次分明、结构协调、体例科学,主要由七个法律部门和三个不同层级的法律

---

[1]刘源:《十七大以来法治建设成就回望》,《人民政坛》2012年第9期。

规范构成。七个法律部门是：宪法及宪法相关法、民法商法、行政法、经济法、社会法、刑法、诉讼与非诉讼程序法。三个不同层级的法律规范依次分别是法律、行政法规、地方性法规、自治条例和单行条例。目前，全国人民代表大会及其常务委员会已经制定了229件现行有效的法律，涵盖了全部七个法律部门。各法律部门中，对形成中国特色社会主义法律体系起支架作用的基本的法律，以及改革、发展、稳定急需的法律，已经基本制定出来。与法律相配套，国务院制定了近600件现行有效的行政法规，地方人民代表大会及其常务委员会制定了七千多件现行有效的地方性法规，民族自治地方的人民代表大会制定了六百多件现行有效的自治条例和单行条例。国务院有关部门以及省、自治区、直辖市和较大的市的人民政府还制定了五万多件规章。法律体系内部总体做到了科学和谐和统一。

其次，人权理念的更新。在依法治国理念指引下，国家将"人权"由政治概念提升为法律概念，将尊重和保障人权的主体由党和政府提升为国家，从而使尊重和保障人权由党和政府的意志上升为国家和人民的意志，由党和政府执政行政的政治理念和价值上升为国家建设和发展的政治理念和价值，由党和政府文件的政策性规定上升为国家根本大法的一项原则。这样便大大拓宽了我国宪法中的人权主体。在人权条款入宪后，宪法中的人权的主体就变成了"人"，不仅仅是公民，也包括外国人和无国籍人。同时也拓宽了我国宪法中的人权内容。更新我国人权理念。

最后，在和谐社会理念和依法治国理念的指导下稳步推进司法体制改革。在十六大提出将司法体制改革作为我国政治体制改革的目标之一的基础上，十七大明确提出要深化司法体制改革，这是党中央根据我国社会现实发展需要作出的重大决策。近年来，理论与实务界对司法体制改革的研究和实践不断升温，并取得了一些有价值的成果。2008年12月，中共中央转发了《中央政法委员会关于深化司法体制和工作机制改革若干问题的意见》，围绕优化司法职权配置、落实宽严相济刑事政策、加强队伍建设、加强政法经费保障四个方面，提出了6项改革任务。通过全面落实司法体制改革各项措施，强化对司法权的监督制约，促进了公正廉洁；落实宽严相济刑事政策，促进了社会和谐稳定；完善队伍管理体制机制，提升了凝聚力和战斗力；改革政法经费保障机制，提升了政法机关依法履职的能力。近几年的实践表明，我国司法体制改革工作为社会主义法治事业的发展，为中国经济社会逐步转型提供了支撑与保障。

二、我国依法治国方略尚存在的不足与展望

尽管取得了巨大的成就，但当今法治建设尚存在着一些问题：

问题之一，在法治建设中，各级政府存在着诸多权力约束不力问题。在中国几千年的发展中，人治大行其道，法律只是权力的附属物，权力处于核心位置。而当前我国进行的依法治国建设中则要使权力让渡出自己核心位置，取而代之以法律作为治理国家、管理各项事务的准绳。然而一些地方官员的思维方式还没有转变，在他们那里，仍然是"权大于法"的那一套。这正是我国目前政治体制改革中最大的阻力所在，也是有关法治建设进程中的问题集中点之一。

问题之二，社会主义市场经济建设需要法治作为支撑，但在市场经济中充斥着的利益之争却又同时使得社会关系冷漠化，这样无疑腐蚀了社会的法治根基。在市场经济中，一切都必须为利益让道，尽管唯GDP论一直为人们所诟病，但在许多地方政府眼中，其仍旧是地方执政的首要问题。人民

的切实利益和地方政府的唯GDP主义之间的博弈背后，占据主导地位的依然是利益。在某些时候，法律承担的角色仅仅是为地方政府的行政行为提供一个合理的外衣。

　　问题之三，中国几千年来传统理念的影响，人治的观念已经潜移默化地渗透到政治、经济、文化等各个领域，甚至于深入到人们的日常生活之中，变成了法治社会建设进程的强大阻力。作为世界四大文明古国之一的中国，几千年孕育而成的传统文明异常发达和成熟，传统、习惯、情感、民风民俗等自在的文化因素根深蒂固，造就了一个以亲情和伦理为支撑的熟人社会，以家庭为基本单元的社会模式具有稳定的结构。中国这样传统社会结构必然导致其存在一个天然的弱点，即其中缺少独立的个体人格和主体意识。以亲情和伦理作为人与人之间交往的基本纽带，再加上其本身固有的弱点，直接导致人情关系支配着社会生活的各个领域。通过对一个成熟的法治社会的深入分析之后，可以发现独立的个体是社会关系形成的基础和源头，维护社会的公平、正义、自由的法律制度则是在独立个体相互交往的基础上产生和发展起来的，人的主体地位的体现是法治社会建设的源泉和目标，而我国的法治社会建设却缺少这些天然土壤。观念的惯性影响力已经深入渗透到人们的日常行为举止之中，使得人们往往难以认识到其存在的危害性。因此，民众作为法治社会建设的主导力量，却存在许多自身难以克服的问题。

因此，全面推进依法治国方略，建设社会主义法治国家，已经成为摆在全国人民面前。展望未来，以习近平为代表的新一届的领导集体在上任之初就显示出对"依法治国"理念的重视，在中共中央第四次集体学习的时候，他强调要"全面推进科学立法、严格执法、公正司法、全民守法、坚持依法治国、依法执政、依法行政共同推进，坚持法治国家、法治政府、法治社会一体建设，不断开创依法治国新局面"[①]。

习近平在主持学习时发表了讲话。他强调，"我国形成了以宪法为统帅的中国特色社会主义法律体系，我们国家和社会生活各方面总体上实现了有法可依，这是我们取得的重大成就。实践是法律的基础，法律要随着实践发展而发展。要完善立法规划，突出立法重点，坚持立改废并举，提高立法科学化、民主化水平，提高法律的针对性、及时性、系统性。要完善立法工作机制和程序，扩大公众有序参与，充分

[①] 袁曙宏：《奋力建设法治中国》，《新华文摘》2013年第11期。

听取各方面意见，使法律准确反映经济社会发展要求，更好协调利益关系，发挥立法的引领和推动作用"。

习近平指出，"要加强宪法和法律实施，维护社会主义法制的统一、尊严、权威，形成人们不愿违法、不能违法、不敢违法的法治环境，做到有法必依、执法必严、违法必究。行政机关是实施法律法规的重要主体，要带头严格执法，维护公共利益、人民权益和社会秩序。执法者必须忠实于法律。各级领导机关和领导干部要提高运用法治思维和法治方式的能力，努力以法治凝聚改革共识、规范发展行为、促进矛盾化解、保障社会和谐。要加强对执法活动的监督，坚决排除对执法活动的非法干预，坚决防止和克服地方保护主义和部门保护主义，坚决惩治腐败现象，做到有权必有责、用权受监督、违法必追究"。

习近平强调，"要努力让人民群众在每一个司法案件中都感受到公平正义，所有司法机关都要紧紧围绕这个目标来改进工作，重点解决影响司法公正和制约司法能力的深层次问题。要坚持司法为民，改进司法工作作风，通过热情服务，切实解决好老百姓打官司难问题，特别是要加大对困难群众维护合法权益的法律援助。司法工作者要密切联系群众，规范司法行为，加大司法公开力度，回应人民群众对司法公正公开的关注和期待。要确保审判机关、检察机关依法独立公正行使审判权、检察权"。

习近平指出，"任何组织或者个人都必须在宪法和法律范围内活动，任何公民、社会组织和国家机关都要以宪法和法律为行为准则，依照宪法和法律行使权利或权力、履行义务或职责。要深入开展法制宣传教育，在全社会弘扬社会主义法治精神，引导全体人民遵守法律、有问题依靠法律来解决，形成守法光荣的良好氛围。要坚持法制教育与法治实践相结合，广泛开展依法治理活动，提高社会管理法治化水平。要坚持依法治国和以德治国相结合，把法治建设和道德建设紧密结合起来，把他律和自律紧密结合起来，做到法治和德治相辅相成、相互促进"。

习近平强调，"我们党是执政党，坚持依法执政，对全面推进依法治国具有重大作用。要坚持党的领导、人民当家作主、依法治国有机统一，把党的领导贯彻到依法治国全过程。各级党组织必须坚持在宪法和法律范围内活动。各级领导干部要带头依法办事，带头遵守法律。各级组织部门要把能不能依法办事、遵守法律作为考察识别干部的重要条件"①。

习近平同志的重要讲话，为全面推进依法治国勾画了更加清晰的奋斗愿景，为实现中华民族伟大复兴的"中国梦"赋予了新的历史使命，为建设富强民主文明和谐美丽中国提供坚持法治保障指明了前进方向。

---

①习近平：《依法治国依法执政依法行政共同推进法治国家法治政府法治社会一体建设》，《党建》2013年第3期。

参 考 文 献

［1］马克思恩格斯选集［M］. 北京：人民出版社，第2版，1995.

［2］马克思恩格斯文集（第1－4卷）[M]. 北京：人民出版社，2009.

［3］列宁专题文集（第2册）[M]. 北京：人民出版社，2009.

［4］毛泽东文集（第2卷）[M]. 北京：人民出版社，1993.

［5］邓小平文选（第3卷）[M]. 北京：人民出版社，1993.

［6］江泽民文选（第2、3卷）[M]. 北京：人民出版社，2006.

［7］胡锦涛总书记在庆祝中国共产党成立90周年大会上的讲话（学习读本）[M]. 北京人民出版社，2011.

［8］十八大报告[M]．北京：人民出版社，2012．

［9］孙国华主编．邓小平理论、"三个代表"重要思想民主法制导论［M］．北京：中国人民大学出版社，2004．

［10］夏勇．走向权利的时代［M］．北京：中国政法大学出版社，2000．

［11］马长山．国家、市民社会与法治［M］．北京：商务印书馆，2002．

［12］吴玉章．法治的层次［M］．北京：清华大学出版社，2002．

［13］信春鹰等主编．依法治国与司法改革［M］．北京：中国法制出版社，1999．

［14］季卫东．法治秩序的建构［M］．北京：中国政法大学出版社，1999．

［15］苏力．制度是如何形成的［M］．广州：中山大学出版社，1999．

［16］苏力．道路通向城市——转型中国的法治［M］．北京：法律出版社，2004．

［17］卓泽渊．法治国家论［M］．北京：中国方正出版社，2001．

［18］张文显. 二十世纪西方法哲学思潮研究［M］. 北京：法律出版社，1996

［19］姚建宗. 法治的生态环境［M］. 济南：山东人民出版社，2003.

［20］郑成良. 法律之内的正义［M］. 北京：法律出版社，2002.

［21］郑永流. 法治四章［M］. 北京：中国政法大学出版社，2002.

［22］瞿同祖. 中国法律与中国社会［M］. 北京：中华书局，1981.

［23］［瑞］丽狄亚·芭斯塔·弗莱娜主编.《法治与21世纪》［M］. 夏勇，李林译. 北京：社会科学文献出版社，2004.

［24］张文显主编. 马克思主义法理学——理论，方法和前沿［M］. 北京：高等教育出版社，2004.

［25］肖光辉主编. 法理学［M］. 北京：中国政法大学出版社，2011.

［26］王人博，程燎原. 法治论［M］. 济南：山东人民出版社，1998.

[27] 朱景文主编. 法理学专题研究［M］. 北京：中国人民大学出版社，2010.

[28]［古希腊］亚里士多德. 政治学［M］. 吴寿鹏译. 北京：商务印书馆，1983.

[29]［英］洛克. 政府论（下篇）［M］. 叶启芳等译. 北京：商务印书馆，1981.

[30]［美］德沃金. 认真对待权利［M］，信春鹰等译. 北京：中国大百科全书出版社，1999.

[31]［美］罗尔斯. 正义论［M］. 何怀宏等译. 北京：中国社会科学出版社，1988.